男を磨けば子供も家族も幸せになる！

最高の父親になるための子育ての教科書

青木匡光

22世紀アート

目次

［第２章］　オトコの子育て講座Ｑ＆ＴＲＹ！　47

［前　章］子育ては幸せな事業

子育ては本来、母親と父親が力を合わせて行う「幸せな社会事業」である。

もちろん、男女の役割が反転してもよい。女性が外でしっかり働き、男性が家で「主夫」をする家庭もあるだろう。また、ひとり（片親）で子どもを育てる家があるかもしれない。しかし共通しているのは、「母親的な役割」と「父親的な役割」という2つの役割が、子育てには欠かせないということだ。

それをふまえたうえで、本書は世の男性諸氏に「男親の子育てとはいかにあるべきか」を、筆者のささやかな経験から述べるものである。

＊

子育ての失敗の多くは、親が子どもをいじりすぎることにある。もちろん「ほったらかし」はよくないが、「過干渉」「過保護」は子どもを大いに損なう。親は、必要なときに必要なことをきちんと子どもにしつける。そして「がまん」や、人の痛みがわかる「思いやり」の大切さを教えなければいけない。そんな親の務めを果たさなかったときには、そのツケがやがて回ってくるのだ。わが子にかぎってそんなことはないと、自信をもってあなたは言いきれるだろうか。

世の中を見回してみると、確かに昨今は自分の得にならないことにはいっさい関心がない、やらないという自分中心の考えの子どもがふえている。しかし、その一方で熱心にボランティア活動を続けている子や、お年寄りなどへの思いやりが行き届いた子もたくさんいる。社会環境や学校制度にかかわらず、自分の子どもを立派に「社会に役立つ人間」に育てあげている親たちも多くいるのだ。

これらの家庭では、親の代から脈々として伝えられた「子育ての基本精神」が生きている。つまり、子育てを学校任せにせず、家庭において「人間形成」につながる教育がなされているのである。教育は、単に知識をつめこむことではない。教育で大切なことは、学んだ知識を世の幸せのために「生きた知恵」として生かせる人間を育てることである。

＊

ＥＱ（感情指数）という概念は、近年静かなブームとなり、だいぶ世の中に浸透したようだ。これは「ＩＱ（知能指数）が高くてもＥＱが高くないと、人生やビジネスで成功できない」というわかりやすいキーワードとして用いられているからだろう。ＥＱは、人間が自己実現をはかるために欠かせない能力であり、近視眼的なＩＱ思考のなかで置きさられてきた概念である。

ＥＱとは、わかりやすく言えば人間的魅力であり、人を引きつける「香り」である。これからの子育てでは、子どものＥＱをはぐくむことが求められている。今までのＩＱ偏重が、利己的な子どもを育て、その歪みがいじめやモラルの低下などのさまざまな現象を引き起こしてきた。今、社会で問題になっている事件も、その一因に、「頭がよければいい」そして「自分さえ利益になればいい」というＩＱ偏重がもたらしたエゴイズムがあるように思う。

ＥＱが高い人は、自立して生きていくことができる。仕事においても人間関係においても「自分が主役」となって、周囲を動かしていくことができる。なぜなら、ＥＱ人間には社会に貢献しようというビジョンと、人を引きつける魅力があり、味方となるよい仲間を集めていけるからだ。そして子どもをＥＱ人間に育てるには、まず父親が「ミスターＥＱ」、母親が「ミセスＥＱ」になる必要がある。子どもは親の言うとおりにはやらなくても、親のするようにするのである。

＊

「子は親の背中を見て育つ」と言うが、まさしく子どもは親の「素行」を見て育つ。まず、父親自身が自立して、人から尊敬されるぐらいに「自分育て」をする必要がある。初めての子をもつ父親というのは、年齢からいっても仕事に多忙をきわめているころで、なかなか子どもに接する時間がとれず、また自分を育てていくような余裕がないかもしれない。

私もかつては自他ともに認める仕事人間だった。子どもが起きる前に出社して、寝ついたころに帰宅するということが珍しくなかった。しかし、そのようななかでも知恵と工夫をこらし、妻と協力してひとり息子を育ててあげた。息子は好きな道に進み、今では社会人として活躍している。

本書はそんな自分の経験に加えて、ヒューマン・メディエーター（人間接着業）として活動してきたキャリアから得た知恵や工夫も盛り込んでみた。

第1章は、父親としてこれだけは押さえておきたいという父親論のエッセンスをできるだけわかりやすく書いた。これを読めば、ぜひ知っていただきたい子育てのキーワード、「ＥＱ」「仕掛け」「ふるまいしぐさ」などについて理解していただけることと思う。

第2章「オトコの子育て講座　Ｑ＆ＴＲＹ」では、具体的な子育てにおける質問への回答を述べるとともに、実践していただきたいことを「ＴＲＹ」の形でまとめた。

これは「ＥＱ」の考え方とも共通している。そもそも、ＥＱとは、ＩＱ思考の理屈で考えて知識をふやしても、決して身につくものではない。いくら知識だけをふやしてみても、実際に自分で試してみて、身体に覚えこませないかぎり、「現場」では役だたない。本来、「Ｑ（問い）」に対する「Ａ（答え）」は、だれかから教えてもらうものではなく、みずからが「ＴＲＹ（実践）」して見つけていくものではないだろうか。

これからの家庭教育では、とりわけ「自立」ということが重要になる。父親自身が自立していないで、どうして子どもが自立していくことができるだろうか。本書を読んで、ぜひ「ＴＲＹ」を実践していただきたい。そして自立した男性として身につけた数々の生きた知恵を、日ごろの子育てにひとつでも多く活用していただければ幸いである。

［第１章］子育てにおける「父親」の役割

１　家族における父親とは

変化してきた父親像

父親とはなんだろう？　今の時代、子どもとのつきあい方がわからず、とまどっているお父さんが多いような気がする。

古くさい話だが、戦前には家庭をまとめる原理として「儒教道徳」があり、それに従って父親は家庭の中心に「家長」としてあった。家族をまとめていくシンボリックな存在を「父性」と言うなら、この時代の「父性＝父親（家長）」だった。家庭は、父親を頂点にタテ型の組織で構成され、家族の成員それぞれが自分の「分」を守っていたのである。

ところが今は、父親の役割がこうだという絶対的な原理や規範が存在しない。現在では、必ずしも父性＝父親とは言えないのだ。ただし実際には、多くの家庭で父親がその役割を担っている。父親と母親のどちらが家族を「まとめていく」のに適任かというと、やはり現在でも父親ということになるのだろう。だが以前とは違って、その地位は絶対のポジションではない。父性の資格を欠くようなことがあったなら、すぐに罷免《ひめん》されてしまうのである。

また、家庭をまとめる「まとめ方」も、昔どおりではない。父親の一言が絶対だったのは過去のことで、今では父親の権力的な押しつけは、家族に背を向けさせるだけである。

みずからが父親像を決める時代

もし、家庭に父性がなければどうなるだろう。まとめていく者のいない家庭は、危機を乗り切ることができず、やがてバラバラになり、崩壊してしまう。

ところが、どうだろう。父親が果たすべき父性の役割が、仕事の多忙を理由にすべて母親任せになってはいないだろうか。そして本来、家庭でしなければならない「しつけ」にしても、学校任せになってはいないだろうか。

会社では有能と言われる人の家庭の実態が、父性の存在しない「母子家庭」であることがままある。子どもの家庭内暴力、非行、不登校にいたる経過は複雑だが、その一因は父性の喪失と考えられる。もちろん、昔でもトラブルを起こす子はいた。だが、今のように家庭を破壊するほどの子どもの暴力に悩まされることはなかった。

親子関係のごたごたを防ぐには、父親が家庭における座標の中心軸になり、存在感を発揮する必要がある。そのためには、父親みずからが「家庭教育」の重要性を認識し、「自分流」の家庭教育のパラダイム（枠組み・規範）を考案していく必要がある。つまり、自分が主人公となり、家庭での父性のあり方を考え、その発揮の仕方を工夫していく。父親は、自分自身で父親の役割を決め、そのミッション（使命）を遂行していかねばならないのだ。

私は、もっと世の父親たちに「自分のポリシー」をもっていただきたい。もちろん私に言われるまでもなく、世の父親たちは「人」として、「男」としてのポリシーは、すでにもっていると思う。しかし「父親」としてのポリシーやビジョンが明確な人は、どれぐらいいるだろうか。父親としてのポリシーを確かにすることが、子どもに対する自信へとつながっていくのである。

何か起こったときに力を発揮するのが父親

新聞に載っていた、ある高校教師のケースである。定年まであと3年に迫ったとき、妻が家出した。親から譲り受けた土地に家を建て、これからは何不自由なく安心して老後を送れると思った矢先のハプニングだった。原因は家族に対する夫の長年の無関心にあった。今流行の「熟年離婚」と同じパターンである。

長男が幼いころ高熱を出したときも、長女が高校受験前に精神的に不安定になったときも、妻の心配をよそに夫はわれ関せず、なんの協力もしなかった。決定的な要因があったのではなく、長い間、妻の心のなかにくすぶり続けていた不満が爆発したのである。高校教師である夫は「突然」という受けとめ方しかできず、うろたえるばかりであった。

父親というのは、ふだんは平々凡々な「昼あんどん」さながらであってもかまわない。べつに、無理に威厳をもつ必要はないのだ。ただ、家族のなかでの父親の立場を明確にしておくことは大切だ。言うまでもなく、父親は「家長」なのだ。いざというときの決定権者なのである。何か起こったときに、家族の保護者、かじ取り役として躍りでる決意がなければならない。

子育てにおいては、さまざまな予期しない悩みごとや問題が出てくる。そのときに父親が問題から逃げずにリーダーシップを発揮して、夫婦で協力し合い、ぶきっちょでもいいから問題に直面し、解決に努めていく必要がある。父親の勝負どきは「いざというとき」なのだ。

日常においては「柔構造」で

日常生活の父親は、むしろ相手のニーズに応えていくような「受け身」スタイルのつきあいが、無駄がなく合理的であると思う。「受け身」という言葉には、なされるがまま、言われるがままというイメージがあり、いかにも消極的だが、ここで言う「受け身」とはむしろ主体性をもった「積極的な受け身」である。

「受け身」を「柔構造感覚」に置きかえてほしい。超高層ビルの柔構造を思い浮かべるとわかりやすいが、大地震のときに超高層ビルが安全なのは共振して揺れながら、持ちこたえるからである。この「共振原理」を家族の人間関係に応用してみよう。

それは相手に対して、まず自分の動き方を先に考えるという常識的なパターンに、相手の振幅に合わせてこちらも動くというパターンを加えることだ。それも、主体性をなくすのではなく、自分本来の基盤は確保しておく。相手に合わせて行動パターンを変えるということは、決して「自分をなくしてしまう」ことではない。

どんな状況にあっても、人間関係をうまく保とうというあなた自身の誠実な心配りがあるかぎり、あなたの主体性は必ず生きる。人との関わりあいにゆとりある関心を抱き、温かい思いやりを示すことができれば、主体性をもちつつ、周りとうまくつきあっていけるだろう。

言いかえれば、「柔構造」は「応用力」だ。円滑な家族関係のために、相手とともに揺れ動いていく「人間関係における柔構造」を、ぜひ身につけてほしい。いつも一本調子で、その場その場で一面的な対応しかとれないようでは、必ず破綻《はたん》が起きる。

その場の雰囲気にとけこみ、臨機応変に自分を演じていく、そんな受け身の知恵が大切なのだ。だれしも、自分を受けとめてくれる相談相手がほしいもの。父親にそんなレシーブ力があれば、カウンセラー的役割を果たすこともでき、家族のなかの「潤滑油」にもなれる。ぜひ、家族に愛され、頼られる父親になってほしい。

２　父親の役割、母親の役割

「男らしい父親」と「人間らしい父親」

一般に、「男らしさ」と「父親らしさ」は深く結びついているように思う。ところが、男らしさのイメージは、社会構造の変化とともに変わってきた。自分なりの父親像をつくるには、まず、自分の足元からあらためて見つめ直さなければいけない。「男らしさ」「父親らしさ」を、今の家庭のなかで、どう考えればよいのだろうか。

農漁業に従事する男、あるいは工場で鉄を鍛える男が社会の中心にいた時代は、「男らしさ」とは「力強さ」であり「たくましさ」のことだった。かつては、それが力においてまさる男性中心の社会をつくりあげた。

しかしホワイトカラーが登場し、第三次産業の占める割合が大きくなってきてから、「男らしさ」の内容も変わってきた。「父権の喪失」とか「女性の時代」と言われるようになってきて、事務系サラリーマンがみずから「男らしさ」を誇示できなくなったぶん、「父権」「夫権」が地盤沈下してしまったのである。

私は、現在は「男らしさ」「女らしさ」以前に、「人間らしさ」が問い直される時代だと思う。それは「女らしさ」の特性であるやさしさ・心配りが、力強さ・たくましさ・大胆さ・勇敢さといった「男らしさ」の特性に加えられていって、ひとりの人間に「男らしさ」「女らしさ」が共存する男女が現われてきたということである。

つまりこれからは、父親と母親が、それぞれの「人間らしさ」を存分に発揮しつつ、男親の役割、女親の役割を担っていく必要がある。もちろん、それには個人差があり、各家庭のさまざまな事情に応じて違いが出てくる。

このとき注意したいのは、「人間らしさ」の発揮といっても、決して「男らしさ」「女らしさ」の否定ではないということだ。父親に男らしさは、欠かせない。父親の人間らしさ、人間的魅力とは、その人独自の男の魅力を含んだ「その人ならではの魅力」と言えるだろう。

男の魅力、女の魅力

今どきの若者のライフスタイルを見ていると、若者たちは男と女の本当の魅力をわからずに過ごしていると思う。

父親・母親の予備軍である彼らがイメージしている男と女の魅力を、そのまま結婚後も家庭に持ちこむことが、さまざまなトラブルの引き金になっている。大人になりきれていない者同士の結婚生活は危うい。「ぜいたく妻」「わがまま亭主」、親からの援助をあてにしている「ひもつき夫婦」というようなレッテルを貼られる夫婦はみんなそうである。

もしも、夫としてあるいは妻として魅力的でありたいと努めていれば、夫婦の間にしっかりとしたパートナーシップが築かれていくはずであり、子育てにもよい影響を与えるはずである。

一般的に若者たちの多くは、「いい男・いい女」を、こんな見方をしているのではないだろうか。すなわち、何事にもそつなく几帳面に対応できる器用さをもち、感情をあまり表に出さないスマートな生き方を好み、だれとも親しくなるが深くはつきあわない、情報に敏感で広く浅く情報収集し、時代の流れに合わせてファッショナブルに生きている人たちである。

確かに、近ごろの若者は、男も女も生きることが器用である。そんな生きる技術に長じているのが、はたからはかっこよく見えるものらしい。どうやら、要領だけがいい若者が魅力的だともてはやされているようだ。事実、テレビ・ラジオ・雑誌などでいろいろとうまい表現に接する機会が多いせいか、心になくてもこういう反応をすると相手が喜ぶだろうと、口先だけのテクニックにたけた若者が目につく。

だが、いくら時代が変わったからといって、男と女の魅力はそんなところにあるのではない。たとえば絵画というのは、技術を覚えるとある程度上手に描けるものだが、それでは技術だけの絵になって、心のこもった絵にはならない。生きる技術だけを覚えても、そこに真剣にやってみようという気持ちが加わらなければ、人間の魅力は身につかない。ときには経済的な見返りを考えず、必死になって飛び込んでいく「ぶきっちょに生きる人」のほうが、男女を問わずいっそう魅力的な存在だと思う。

ぶきっちょに生きるとは、心を開き、たとえかっこ悪くても自分らしさを否定せずにさらけだせることだ。心をオープンにすることで、その人なりの男の魅力、女の魅力が輝き出してくる。

父親は「ボーナス」、母親は「月給」

では、家庭における父親と母親の魅力を考えてみよう。花の魅力は、「香り」と「色」だ。父親・母親の魅力を花にたとえると、どうなるだろうか。

父親の魅力は、花にたとえていえば「香り」であろう。常日ごろは家にいないが、ある瞬間に馥郁《ふくいく》と香るものである。いざというときに発揮するバイタリティとか、困り果てたときにさり気なく手をさしのべるやさしさなどがそれだ。

母親の魅力は、花の「色」に相当する。きめ細かいところに神経がいき届き、センスがあること。それはかたちがあって、しかも継続して現われているものである。昨日いれてくれたお茶と、今日出してくれたお茶の味が同じといったように、変わることのない継続性に家族は安心感を覚える。いくら有能であり、どれほど忙しいからといって、そのふるまいが無神経だったり、不作法さが目につくようでは、決して「いい母親」とは認められないだろう。

言いかえると、父親の魅力は、回数は少ないが重みのある「ボーナス」に似ている。母親の魅力は日々の暮らしのなかで感じる安定した継続する魅力、たとえるなら「月給」になるだろう。子どもは、父親には父親の、母親には母親の魅力を感じ、また求めているのである。

こう考えると、父親の忙しさは必ずしもマイナスではない。子どもとのほどよい関係をつくるのに、四六時中顔をつき合わせている必要はないのだ。ほったらかさず、かと言って過干渉もせずに、自分なりの男らしさ、父親の魅力を追求していけばよい。

そして、みずからの人間性をさらに高めていこうとしたときに、大きな助けとなるのが、ＥＱ（感情指数）の考え方だ。ＥＱについては後述（26ページ）するが、人生の成功に欠かせない要素として、子育てにも生かすことができる。

父親の出番、母親の出番

子どもに対する親の義務に、礼儀、他人への思いやり・人格の尊重、やってよいこと・悪いことなどをわからせるということがある。とくに父親は、社会で生き抜いていくための知識や知恵、社会に出て困らない心構えを教える必要がある。

こうした教えは、決して学校だけで教えられるものではない。それを学校任せにして子どもをかわいがる、ものわかりのよいだけの親が多いために、大人になりきれない子どもが世の中にふえ、社会的なトラブルが増加してきた。

父親にも母親にも、それぞれに出番がある。肝心なことは、両親ともその役割をしっかりわきまえて出番をこなしていくことである。母親の場合、子どもは自分のおなかから生んだ分身である。そうした意味で、母性愛を大上段に振りかざし、ずかずかと親子の関係に入っていくことができる。子どもの気持ちを尊重し、子どもの弱さに「共感」するのが母親の役割である。

その点、父親と子どもとの間には血ではつながっているものの、一種の空間がある。父親は、母親とはまったく違った次元で、可能なかぎりの措置を講じて、いわば壁となって子どもを「保護」するものだ。そして社会常識をもったまともな大人になれるように、しっかりと子どもを教育するのが父親の役割であろう。

だからこそ父親は、その「出番」をしっかりと心得て、子どもに接していかなくてはならない。たとえば、よいことと悪いことのけじめをはっきりつけるために、ふだんはものわかりのよい父親であっても、ここぞというときには一発ガンとかます。

また受験期などに、子どもの勉強への取り組み方にやる気のなさを感じたら、子どもとじっくりと対話して、子どもがやりたいことをやるために、今何をしなければならないか、社会で暮らしていくための条件や世の中の厳しい現実を具体的に示しながら、子どもの内なる向上心を刺激することも必要であろう。

要するに、子どもが家庭という壁の外に出て、無事に生き抜いていけるように自立させることが、父親の重要な役割である。親の庇護《ひご》のもとから飛び立てば、そこは厳しい競争社会であり、子どもは法とルールを遵守する義務を思い知らされる。その外部の世界に子どもが無防備で未熟なまま送り出されたなら、結果がどのようになるかは自明のことだろう。

これは、片親による子育ても同様である。母親としての役割と父親としての役割を、場面に応じて演じ分けていただきたい。ひとりで2役をこなすのはしんどいが、子どもに正面から向きあえば必ず伝わるし、そこから得られる手応えはひとしおである。

３　ＥＱを子育てに生かす

人生に成功する人とつまずく人の差

ＥＱ（感情指数＝エモーショナル・クォシェント、心の知能指数）を提唱しているダニエル・ゴールマンは、心理学博士号をもつアメリカのジャーナリストで、みずからの研究結果から導きだした主張は、以下のようなものである。

すなわち、人間の能力の差は、「自制」「熱意」「忍耐」「意欲」などを含めた「ＥＱ」によるものである。ＩＱ（知能指数）が同じでも人生に成功する人とつまずく人が出てくるのは、ＥＱに差があるからである。ＩＱがものを言う学力試験は、人間のもつ知性というひとつの側面を測るにすぎない。

ＥＱは、本当の意味での「頭のよさ」を示すもうひとつの基準であり、これこそが成功に導く要素である。ＩＱ偏重は、個人の社会での成功を妨げるばかりか、凶悪な犯罪者を生みだす要因にもなっている。

アメリカでは、ＩＱの高さや学力試験の成績が、人生の成功を約束するものとみられてきた。学校教育では学力面ばかりが強調されて、ＥＱに不可欠な情操教育、社会教育はなおざりにされてきた。また、本来の情操教育の場であるはずの家庭が、共働きや離婚などで崩壊しつつある。ゲーム機やコンピューターの普及も重なり、子どもたちがひとりで過ごす時間がふえ、ＥＱをはぐくみ、高めるための機会が失われている。アメリカ最大の社会問題「未成年の暴力的犯罪の急増」の背景には、ＩＱ偏重、ＥＱ欠如がある。

ＥＱは自分の努力で高めることができる

ＥＱの特色のひとつは、ＩＱのように試験で決められないことだ。ＥＱを一般的な数値に示すことはできない。人格は決して計数では計れないのである。たとえ、なんらかの方法でＥＱチェックの設問をつくり、結果そこで高得点であっても、ある人がその人と波長が合わなかったり、人間性にいやな部分があったりすると、ＥＱは低く見なされる。

ダニエル・ゴールマンも、「ＥＱをＩＱのように試験で順位を決めるのは間違いである。ある人は同情心が強いが、感情抑制能力は低いかもしれない。また、ＥＱが低くても一生低いのではない。ＩＱと決定的に違うのは、ＥＱは自分の努力で高めることができる。ＥＱのうちのどの部分が弱くて、どこが高いかを知って、それを訓練してほしい」と述べ、ＥＱに関する６つの能力を次のように分類している。

①共感力……他人の気持ちを推しはかって把握する力
②自己認知力……自分自身の感情を常にモニターする力
③根気……粘り強さ
④協調力……集団のなかで調和を保ち、協力しあう能力
⑤楽観力……物事の明るい面を見いだす力
⑥自己抑制力……怒りや欲求などの感情を制御する能力

これらの能力は、じつは心ある日本人ならだれもが身につけているものである。しかし、この能

力は軽視されてきた。ゴールマンが述べているようにＩＱは生まれつき決まっているが、ＥＱは教育や訓練で高めることができる。そのことを自覚して、あなたのＥＱ能力に磨きをかけていってほしい。

ＥＱとは人を引きつける「魅力」だ

このアメリカでの現象は、他人ごとではない。日本でも「いじめ」や「ひきこもり」など、家庭・学校でさまざまな問題が生まれている。

これらの問題の原因のひとつが、コミュニケーション能力の欠如だ。言うまでもなく、人間はひとりでは生きていけない。ところがＩＱ偏重の教育が、コミュニケーション能力の育成をおろそかにしてきた。ＩＱが高ければ頭がよくて優秀だとの思い込みが、人と人を疎外し、心の通いあいを遠ざけ、さまざまな問題を引き起こしてきたのである。

今、多くの人たちは合理性のみを追求することの非合理性に気づいている。ＩＱがいくら高くても、うまく人とつきあえない者に成功はおぼつかない。さらに今は企業にも余裕がないために、昔と違って丸抱えなどはありえず、だれもが自分のことは自分で面倒をみていかなければならない時代である。

ビジネスの現場でも、主役は企業から個人へと移り変わりつつある。この生活軸の変化に対応していくには、他人と協調しながらも「自分が主役」という自覚に立って、すべてをとりしきっていく心構えが求められている。

これからの子育ての最大の眼目は、時代環境の変化にうまく適応し、自分の足で歩んでいける「自立心」と、「コミュニケーション能力」を子どもに身につけさせることだ。そしてそのためには、子どものＥＱをはぐくんでいくことがいちばんだ。なぜなら、ＥＱとは人を引きつける「魅力」であり、「自制」「熱意」「忍耐」「意欲」などの能力が高い人には、ただ頭がいいだけの人と違い、人間的な魅力、つまり香りがただよっている。その香りが、その人の自立を助けるよい仲間を集めてくれるのである。

では、子どものＥＱを高めるにはどうすればよいか。それには、まず父親が「ミスターＥＱ」、母親が「ミセスＥＱ」となって、家族全体がＥＱファミリーになるのがいちばんだ。ＥＱは決して新しい概念ではなく、心ある人にはもともと身についている価値観である。

4 「親の背中」で育てる

子どもの自立を促す仕掛けと戦略

子どもを自立させるには、子ども自身が自己規制・自己管理できるように、適切に方向づける手伝いをすることである。それは、細かいことをガミガミ言うことではない。また、親の意見を押しつけることでもない。たび重なる小言や、過剰な叱責《しっせき》は、一時的な効果はあるかもしれないが、結局は大きなマイナスになる。子どもは右から左へ聞き流すか、あるいは萎縮《いしゅく》してしまうかだ。父親は自分の出番をわきまえ、子どもが一人前の大人に成長する進路の節目節目に、きちんと対応していけばよい。

このときのキーワードが「仕掛け」と「戦略」である。父親らしい大局的な「戦略」（子どもを自立させるための、時期に応じた計画）に従い、戦術としての「仕掛け」（決して子どもに押しつけることのない心配り）を繰り出していくことである。そのためには、日ごろから子どもの心を把握し、適切な工夫を考えだす努力が必要だ。

私の場合、子どもが高校３年のときの出番はこうだった。子どもが自発的に予備校に通いはじめて２か月ほどたってから、私は息子に聞いた。

「大学では何を勉強したいんだ？」

「地球物理をやりたい」

「だれか尊敬する先生はいるのか？」

息子は、竹内均東大名誉教授の名前をあげた。私は、できることなら竹内先生に会わせてやりたいと思った。私自身の精神的支柱は、アジア研究の一橋大学名誉教授・板垣与一先生である。高校３年のとき、「大学ではアジアをテーマに勉強したい」という希望に応えて、父親は人を介して私を板垣先生に引き合わせてくれた。その出会いから受けた「ヒューマンインパクト」のおかげで、今日の私がある。その私の体験と同じことを、息子にもやってみたわけである。

竹内先生とは直接面識がないので、先生をよく知っている人物を探し出して、たとえ５分でもよいから、私が体験したようなヒューマンインパクトを息子に与えてほしい旨の手紙を書いて依頼した。折り返し、竹内先生からアポイントの連絡があった。

私は、指定の時間に息子ひとりで行かせた。わずか15分の面会時間であったが、竹内先生から受けた影響は大きいものがあったようで、息子は志望どおり気象大学校に入学できた。現在は、気象庁の地震調査官として好きな道に励んでいる。

「自立」について、もう少し考えてみよう。子どもが将来に選ぶ職業がサラリーマン、コック、大工……、なんであれ、自分で自分の面倒をみる、一人前になって生きていけるように育てるということに異論はないだろう。

それはわが子が、自分の将来像を自分の頭で考え、成長過程でぶつかるさまざまな局面での対応を自分で判断して、だれにも依存しないで対処していくことである。父親の役割は、子どもがそうして生きていけるように勇気づける家庭の環境づくりをすることだ。そしてそのためには、父親・母親自身が、それぞれ自立した考え・行動の持ち主でなければならない。

「ふるまいしぐさ」の大切さ

子どもは「親の背中」を見て育つ。「親の背中」とは、「親の素行」をさす。子どもは父親や母親の言うことよりも、父親や母親の素行により影響を受けるのだ。

ここで、「素行」という言葉をよりわかりやすく、「ふるまいしぐさ」と言いかえてみよう。その人のひととなりや本質は、その人の言葉ではなく、「ふるまいしぐさ」にはっきりと表れてくるものである。

江戸しぐさ研究家の越川禮子《こしかわれいこ》さんの話によると、江戸下町の人たちは「しぐさとは心が外に表れること」だと受けとめていて、彼らにとってしぐさとは考え方、生き方、生活哲学そのものだった。

当時、お嫁さんをもらうときの教訓は、「美人だからとか容姿だけを見て結婚すると、いやになることが多い。その人のしぐさを見て、それが気に入って選ぶと飽きがくることはない」というものである。こんな江戸しぐさにみる生活の知恵は、「いましぐさ」として現代に生かしていけるように思える。

たとえば男性の本質を見抜くときも、レストランか喫茶店で水を頼むときの声のかけ方を観察してみるとおもしろい。「すみませんが、水をいただけませんか」と言うのと、「おい、お冷や！」とでは、その人の性格はかなり異なる。「すみませんが」と言ってものを頼むことができる人は、おそらく地位や身分に関係なく、どんな人に出会っても変わらぬ態度で接するだろう。思いやりのある謙虚な人柄を感じさせる。

ところが、相手によって乱暴な言葉をぶつけていくような人は、家庭においても同様だろう。粗野な性格であるばかりか、権威に弱く自分より力が下とみると、とたんにいばりくさる小心者である。

言葉は、ときとして行動を説明する補足的手段でしかない。言葉が先に立っても、実際問題として本当に言葉どおりのことであるのかどうか、証明する手立ては行動を見るしかない。そう考えると、子どもは大人よりもある意味で賢いと言えそうだ。いつでも正確に親のしぐさを観察し、本質を見抜いている。父親として、子どもに恥ずかしくない「ふるまいしぐさ」を身につけていく必要がある。

しつけは、子どもの年齢に応じて

とかく父親という権威をふりかざしていくような人は、暴力的なしつけをしがちだ。子どもを納得させる理由がないのに体罰を与える父親に対して、子どもはうらみを抱くか反発するかのどちらかである。性格の弱い子どもであれば、父親に対する敬遠心か恐怖心を植えつけられてしまう。そんな原体験が積み重なっていけば、その子どもが成人になったとき、決して親を偉大とも思わないし、尊敬することもない。

しつけを考えるときには、年齢に応じた対応が重要である。たとえば、幼いわが子が手当たりしだいにおもちゃを放り投げて喜んでいるとしたらどうするか。幼児は「していいこと」と「してはいけないこと」の区別を知らない。初めは「いけません」という言葉とともに、「おもちゃが壊れる」という理由を説明する。それでも聞き分けがなければ、おもちゃを取り上げる。子どもに約束事、ルールを教えていくときには、このような親の断固とした姿勢が大切である。

「しつけ」にも潮時があって、とくに社会で生きる礼儀作法の「しつけ」は10歳までのうちに尻をたたきながら教えこまないと、老いてからわが子にたたかれかねない、と言われている。10歳以降の体罰は時と場合によるだろうが、あくまでも子どもが納得する理由があっての体罰でなければいけない。

子どもがある程度大きくなってから、親の言うことに耳を傾けさせるためには、権威主義的にポーズをつくってもダメである。反対に、おもねるような態度もいけない。いちばんよいのは、人生の先輩として親の気持ちを伝えるというかたちで「メッセージを送る」ことだ。そうすれば、命令のかたちをとることもなく、子どもも親の気持ちを正確にくみとることができる。

メッセージの内容は、父親がみずからの社会体験から見て、わが子にはかくあってほしいという願望をベースにする。それは、親子が話しあってつくるわが家の原理原則でもある。「こうすべきだ」「ああしてはならない」といった細かい規則ではなく、おおまかでゆるやかな約束ごとにする。たとえば「嘘はつかない」「時間を守る」「人の悪口は言わない」といったような単純明快なことを合意のうえで決めて、守らせる。

このときに肝心なのは、3つ以内の合意をすることだ。約束ごとが多いと、子どもをのびのびと育てていくことができなくなる。当然ながら、子どもの成長年齢に従って約束ごとの内容には変化がでてくる。

わかりやすく単純明快な「原則（プリンシプル）」を

息子が中学2年のとき、11日間かけて九州一周旅行を友人とやりたいという申し出があった。息子にとって初めての大旅行だし、大丈夫かなと懸念をしたものの、私はひとつの約束を守ることを条件に許可した。

それは毎晩10時に電話をかけさせて、現在地を母親に報告することだった。親としては無事に旅行している息子を確認できればよかったので、ほかの条件はいっさいつけなかった。息子は日に１回の電話以外は、自分流にのびのびと好きなように九州旅行を満喫して帰宅した。旅行の楽しさがわかったのか、その後は紀伊半島一周、北海道一周といったぐあいに次々とひとり旅を企画していった。

どんな約束でもいいが、ひとつの約束をきちんと実行させることは重要である。もしも、「あれもダメ、これもダメ」と規制するなら、子どもは嘘をついてでも自分がやりたいことをやるだろう。もしも家庭内でかけひきがあって、親子や夫婦の間で嘘のつきあいが始まったら、もっとも大切な信頼関係がくずれてしまう。家庭内で嘘をつかないという倫理が一本びしっと通っていること。これは絶対に必要である。

世の中、３つの法さえきちんと守れば立派な人間になれるという「法・三法」を提唱する人もいる。３つの法とは、「盗まない」「殺さない」「嘘をつかない」である。一見簡単そうだが、「殺さない」という法を考えても、われわれは生きものを食べずには生きていけない。そんなわが身をしっかりと認識したうえで、できるだけこの三法を守っていこうと努力することが、みずからの人間性を高めていくというのだ。あまりにも数多くの規則や約束は、物事を複雑にするだけで、決して教育的とは言えない。あなたもぜひ、自分の家庭における原則を見いだしていただきたい。

言い訳は自分自身に対する裏切り行為

「他人に迷惑かけてないんだから、いいじゃない」「悪いことだと思わないし、あたし自身がきちんと責任とるんだから」。これは援助交際をして、親から叱責された女子高生の自己弁護の言葉だ。また、「自分がこうなったのは親のせいだ」「友達に誘われてやった。自分が悪いんじゃない」は、非行少年や落ちこぼれの決まり文句である。

こうした言い訳は、まったくおかしな話だ。「他人に迷惑をかけていない」と言うが、実際は親を含め、多くの人に迷惑をかけている。また、「悪いことだと思わない」と言うが、悪いと思おうと思うまいと、その行為は社会的には悪いことなのだ。親や友達に責任をなすりつけるのは、人生は自分の責任において務めることだということがわかっていない。この世に生まれてくるまでは確かに親の責任かもしれないが、その後の生の営みは自分の責任において行われるのだ。

自分の行為の非を認めず、言い訳をして弁解し、自分を納得させることは、「自分自身に対する裏切り行為」である。ああ言えばこう言うといった口達者なひねた子どもにしないためには、親は早いうちから子どもの逃げ口上の芽を摘み取るように心がけなければならない。言い訳をして自分をごまかすくせをつけないようにしないと、子どもが長じてどんな分野に進出しても大成は望めない。

自分をかわいがるのではなく、大切にする

ビジネス社会では当然ながら、言い訳する社員にはマイナスの評価が下される。言い訳を相手が黙って聞いてくれているからといって、言い訳を了解してくれているものと思ったら、とんでもない間違いである。相手は、自分の腹の中は煮えくり返っているのに、それを態度に表したらみっともないので、やっとの思いで我慢していることが多いのだ。

言い訳とは、自分の失敗・過失がどうしてそうなったかだけを客観的に説明して、本当は悪いとは言えないのだと思わせる言葉のことである。自分に都合の悪い部分を全部さらけだすと、ますま

す自分がみじめになる。それで、自分の都合のよいように心の合理化を図ってしまうというわけだ。都合の悪い部分を隠し、一部分だけを話してウサを晴らしたり、周りに同調を求めて「不可抗力だった」と自分をごまかしているにすぎない。

言い訳をよくする人に共通した心理は、自分を異常にかわいがることである。近ごろの若者に共通するのは、自分ばかりを過剰に大事に考え、他人を平気で踏みつけている。こういった行為は、自分をかわいがっていても、決して自分を「大切に」はしていない。本当に自分を大切にしている人なら、必ず他人をも大切にする。人はひとりでは生きていけないことが、よくわかっているからだ。言い訳をし、常に他人をダシにして自分をよく見せていこうとする人は、自分のことしか考えていないエゴイストである。

くやしさを生かし、自分を鍛える

言い訳をしない子どもを育てるには、まず親のあなたが言い訳について厳しい考え方をもって、子どもに手本を示していくことが必要だ。

それには、あなたの側にどんな理由があろうと、原則として日常生活に「言い訳」を持ちこまないことである。もし、こちらの過失について相手から事情説明を求められたときは、まず非を率直に認め、丁重にあやまってから事実を説明すればよい。あとは相手の判断に任せればよいわけで、説明にこちらの見解を含めた自己正当化をしてはいけない。

どんなときにも言い訳をしないことは、想像以上に厳しい試練である。非を認めてあやまることは、そのくやしさで夜も眠れないほどかもしれない。

だが、自分がかわいいと思うならば、みずからを鍛え磨くべきであって、言い訳をして自分を養護してみたところで、本当に自分をかわいがっているとは言えない。くやしい気持ちに耐え抜いた貴重な体験を、次の行動で生かせばよいのだ。その姿勢があれば必ず、信用回復のチャンスが到来する。言い訳しないことで人間の魅力がいよいよ輝きを増して、信用が裏打ちされていくからである。

このことを父親は子どもによく理解させ、望ましくない考え方や行動を自分の都合のよいように合理化する子どもに、ブレーキをかけるべきである。そうしないと一事が万事につながって、子どもは手当たりしだい他人の力を利用することで自分を満たしていく、そんな利己的な発想にとらわれるようになるだろう。他人が話しかけてくれる、他人が何かをやってくれる、といったことをいつも望むようになってしまう。

確かに今は、頼る気になれば、たいていのことはだれかに頼って間に合ってしまう。だから自分の力で乗りきらなければならないことすら、他人に依存しがちだ。手当たりしだいに他人を利用しているうちに「あいつはずるくて信用できない」と周りから嫌われ、それはやがて自分の存在感を減じるものとなって戻ってくる。

自分で可能なかぎり物事をつきつめ、それでも力の及ばないことについてのみ他人の協力を求める姿勢が大切であることを、子どもにきちんと教えこむことである。

感動を与えてくれる人を探して歩く人間行脚

作曲家である友人が、「音楽とは感動することだと思う」と言っていた。私にとっては人間関係がそうである。お互いの間に感動があって、初めてよいつきあいが長く続いていくのだと思う。相手の人間像のなかに、心を揺さぶる何かを見いだせたときは、本当に人生の醍醐味《だいごみ》を味わえるものである。

感動を与えてくれる人間を探し求めて、人生の旅を続けていくことはとても楽しい。よい循環が始まって、自分がさらに磨かれていくからである。人間のすばらしさやおもしろさがわからない人は、どんなに魅力のある人物に出会っても感動できないが、人間に旺盛《おうせい》な関心をもっていれば、もっとわかろうと勉強する。そして自分の内面を磨いていくので感動できる。さらに感動を重ね深めていけば、人間にさらなる磨きがかかるという循環になる。

あなたがさらに大きく飛躍するためには、第１に「何かの感動を与えてくれる人物」、第２には「自分に欠けている才智の持ち主」を求めて、人間行脚していかなくてはならない。そうした人物は、こちらから近づいていかないかぎり出会うことはむずかしい。山は登るものであって、山のほうから近づいてくることはありえないのと同じである。

人間行脚をすることが、どれほど自分を磨くことに役だつかは計りしれない。しかし、ひとりの力ではおのずと限界がある。人間行脚の方法として、私は次のような方法をとってきた。まず、縁のある身近な人間の「人脈井戸」を深く掘り下げていく。日ごろなんとなくつきあってきた学縁、社縁、地縁、楽縁（趣味仲間）につながる人たちを思い浮かべて、こちらをよく理解し、しかも自分が信頼し尊敬している人物をまず洗いだす。そんな人たちが「人間フィルター」となって、よい人との出会いを演出してくれるのだ。

父親たるもの、常に人間行脚をして自分を磨く必要がある。そしてその姿を子どもに見せることで、子ども自身も「自立」した心で「戦略」を練り、みずからに「仕掛け」をして「人間行脚」ができるようになっていくことだろう。

［第2章］オトコの子育て講座Q＆TRY！

Q 01 子育てにおける心構えとは？

サル研究者として有名な河合雅雄氏によると、生まれたばかりの子をもつ母ザルは、自分から2メートル以上離れたところには子ザルを行かせないようにするそうだ。ところが子ザルが歩けるようになると、赤ん坊ばかりのグループができる。そこで起こるたいていのことに母ザルたちは知らん顔をしているが、母ザルは自分の子の声はよく覚えていて、岩から落ちて「キャッ！」という声を聞くと、サッと飛んでいくという。

一見、放任のように見えるが、愛情のヒモのようなものがいつもピンとつながっている。つまり動物の子育ての基本は、人間とまったく同じで、子どもが将来きちんと独立して生きていけるようにすることにある。サルは子どもの成長に応じて実にうまく育て、ひとり立ちさせている。

そこで思い起こすことがある。「はぐくむ」という言葉は、もともと「羽含む」であって、親鳥がヒナを自分の羽でかばい包んでやるという意味からきている。親がたえず子どもにぴったり寄り添ってこそ、初めてこの言葉が生きてくるというわけだ。「はぐくむ」という言葉には、こまやかな愛情や心温かいものをじっくりと子どもの心に通わせていくというイメージがある。また、子どもをじっと見守る姿勢に通じるものがある。

教育相談の現場でよく耳にするのは、親が子どもをどう育ててきたか、どうしつけてきたかをとくとくとしゃべりまくり、それにもかかわらず非行に走った、不登校になったと嘆く親のグチである。親は子どもについ口出しをしないではいられない親心を、「子どものためを思ってそうするのだ」と自分の行動を正当化するが、この親心にこそ問題がある。どんな子どもにも本来備わっているはずの自発性を引き出し、はぐくんでいくことが肝心なのだ。じっと見守る姿勢が、賢明な親の愛情の注ぎ方である。

子育てには、子どもの持ち味を将来どう生かしていくか、一歩先を読んだ「戦略」担当者と、その戦略にもとづいて具体的な行動を考える「戦術」担当者の2役が必要になる。一般には、戦略を父親が、戦術を母親が担うことが多いが、このコンビネーションが両親の間にしっかりできていれば、言うことはない。

Ｔｒｙ！
子どもをはぐくむ戦略家に！

父親は、いつもは子どもの様子をじっと見守り、必要なときにだけ段取りをつける。このフトコロの深さが、賢明な父親の愛情だ。名戦略家として、日ごろから子どもの成長に必要な段取りを考えておくことだ。

Ｑ02　エネルギーあふれる父親になるには？

エネルギー（活力）の乏しい若者がふえている。

感動を忘れ、驚きを失い、好奇心をもたなくなった子どもたちに「純粋培養っ子」と名づけた人がいるが、なるほど的を射た表現だと思う。このような培養っ子が、エネルギーの乏しい若者になり、自立性に欠けた社会人になっていくのだろう。

子どもの意思を無視して、過大な期待感をもち、みずからの欲のために子どもを培養器にかけている親は少なくない。子どもたちは培養されるだけだから、自分の意思はもたない。自分の意思がないから感動も驚きもないし、好奇心も示さない。培養された人間は、ロボットと同様で、心がなく、意思もなく、ただ操られるままに動くだけ。

だから、ラクな生き方を求める若者がふえる。ラクをして世の中を渡ろうとする者は、お金と肉体の欲望を求めてウロウロする。ラクをするため策に走り回っても、人生に成功するわけではない。やがては身も心も無気力になり、堕落の道をたどるようになる。自分のラクを犠牲にして情熱と努力を傾けないことには、感動もなければ、思い出もできないのである。

情熱と努力を傾け、自分のやりたいように自立していく人物に、一種のあこがれの気持ちを抱く人は多い。だが、やりたいようにやっていくためには、当然ながらそこに「エネルギー」を必要とする。このエネルギーをどのように注入していくかが、大きな課題として立ちはだかる。

実際、どんな分野にあっても、一流と認められて成功している人たちは、それぞれに自分の身体から湧きでるエネルギーの源がどこにあるのかを見つけだすのが、本能的にうまかったのではないかと思う。

成功者たちの生き方をよくよく観察してみると、「生の純粋さ」があって、じつに単純明快だ。「世間体」のような虚飾の部分が切り捨てられている。そういう人たちにあるのは、人の心を揺さぶるような強烈なパワーであり、エネルギーだ。そこにはエネルギー投入をジャマだてするような衰弱したエセ知性や、エセ教養は少しも見られない。

Ｔｒｙ！
自分を見つめ、魅力を探しだそう！

つきあうほどに光り輝いてくる、ダイヤモンド原石のような魅力（ひたむきさ、素直さ、純粋さ、誠実さ、まじめさ、無邪気さ、少年のようなロマンに満ちた心）を、わが身のなかに探し求めよう。ひとつの魅力に徹して生きれば、そこから生み出されたエネルギーで、人の心を揺さぶるパワーが身についてくる。

Ｑ03　父親としての魅力・教養を身につけるには？

「今日の若者たちには縁側がない」という俳優・森繁久彌さんの言葉は、味わい深い。日本の住宅における縁側は「心のゆとり」とも言える空間である。しかし、機能・効率を求めた結果、ムダと思われた縁側は消えてしまった。

人間についても同じことが言える。ムダの蓄積がゆとりと深みのある人間をつくるのではあるまいか。そしてそんな人には人間くさい香りがあり、人に対して常に情熱を注いでいるという雰囲気を身辺に漂わせていて、他人を自然に引きつけてしまうような個性がある。

それは、父親としての教養・魅力を身につけることに共通する。あなたに必要なのは、「自分を生かす」という能動的な意識変革とともに、新しい自分に生まれ変わるために、模索の一歩を踏みだすことである。

万能の天才で、代表的なルネサンス人であるレオナルド・ダ・ビンチの言葉に「知恵というのは経験の娘である。その理論が、経験によって裏づけられない思想家の教えを避けよ」とある。知識のみにとらわれていては、いつになっても知恵の泉を汲むことができない。

私のささやかな体験からいえば、何かをする場合、考えてから歩き出すよりも、歩きながら考えるほうがよい知恵をつかめる。まず一歩前に踏みだしてみる。そこで初めて、人間くさい香りを再発見する機会があり、何より活力が得られる。興味ある勉強会への参加でもよいし、スポーツや趣味の活動にのめりこむことでも、歴史物のような大著の読破に取り組むことでもよい。要は、知的な旅に出て、人間的な持ち味が加わるような体験を数多く積み上げていって、あなたの活性化を図ることである。

それは当面、すぐには役に立たないので、ムダに思えるかもしれない。だが率直にいって、ムダを感じさせない人は人間としての温かみに欠けている。ムダなことをするのは直接的な生活手段には関係ないが、少なくとも人間くさい香りを漂わせていくためには必要である。

好感をもたれて円滑に人間関係をとり結んでいくには、教養の深さがモノを言う。ムダの累積が「教養」として身につくのだ。

Ｔｒｙ！

大いにムダを楽しもう！

一見ムダに思えるようなことでも、時間の許すかぎり、どんなことにも貪欲《どんよく》に接触していこう。とりわけ、他人がよいと推奨するようなことであれば、まず素直に耳を傾けて、時間と体力をうまく管理しながら経験してみることだ。

Ｑ04　子どもから信頼される父親になるには？

友人が、自分が幼稚園児のときのエピソードを聞かせてくれた。

「父親が出勤する朝、おれにシュークリームを買ってきてくれる約束をしたんだ。朝から待ち遠しかったが、父親はなかなか帰ってこない。ようやく遅い時間に帰ってきたと思ったら、なんと手ぶらだった。急用で１日中忙しくて買う時間がなく、あした買ってくるということだった。

おれは『お父さんの嘘つき！』と怒って、父親にかみついた。すると父親は疲れているのに、再びシュークリームを買いに出かけていったんだ。当時は今のように遅くまで開いている店はなかったから、探すのに苦労したはずだ。どうにかこうにかシュークリームを持ち帰り、眠りかけていたおれに食べさせてくれた。仕事で疲れきっていたんだろうけど、おれとの約束にこだわってくれたことが、すごくうれしかったなあ」

友人の心に刻みこまれた父親の行動が、その後の彼の人間形成に大きな影響を与えていることを十分に理解できる話だった。もしも父親が息子との約束にこだわらず、言行一致を無視するチグハグ人間だったとしたら、子ども心に友人は不信感を募らせていただろう。

人間の評価は言葉ではなく、「行動」で決まる。父親たるもの、子どもにとってプラスになる行動に全力をつくし、具体的に示す気持ちが前提にあって初めて、率先して子どもを育てていくことができる。

日ごろ偉そうな大口をたたいていても、肝心な部分で逃げていては、子どもの信頼を勝ち得ることなど、とうてい無理な相談だ。

Ｔｒｙ！

有言実行の父親になろう！

人間の評価の尺度は言葉ではない。「行動」である。父親は、自分から先頭に立って物事の解決にあたらなければ、家族の信頼を得ることはできない。

父親業講座①
魅力ある人間の「7つの香り」

魅力ある人、ＥＱの高い人は、共通して次のような「7つの香り」を発散させている。

1．自分らしく生きる

自分らしく生きるには、自分を見つめ、自身のおかれた立場や環境をよく理解することが必要だ。

この自分らしく生きようとする緊張感が、相手の心を打つ魅力となる。

2．包容力

家族のすることをいつもはじっと見守っていて、いざというときにだけ助言し、行動を起こす人。さらりと、さりげなく手をさしのべていく感じである。

3．好奇心

人間に関わりあることすべてに、大いなる興味をもつこと。そうすればいつのまにか教養が身につき、知的会話のタネがふえ、幅広く活躍できるようになる。

4．自然流

人間関係において、背伸びは禁物。相手からバカにされまいと構えていると、相手もその気配を察して心を開かない。自然体での対応だと、自分にも相手にも無理がない。

5．挑戦する心

いつも何か課題をもって、それを解決しようと努めていく前向きな生き方。自分自身に挑戦しながら、たえず多段式ロケットを噴射させていくような人は、いくつになっても若々しい。

6．遊び心

遊びをマスターするには、それなりの多大な時間とエネルギーを必要とする。遊びをとおして人間の感情の機微を知り、人づきあいのマナーを身につける。遊びは人間修行の場だ。遊び馴れた人は、人生を楽しむ「間の取り方」がうまく、心にゆとりがある。

7．芝居心

相手のタイプに応じて、「役づくり」を変えていく柔軟な対応ができる人だ。人と接するときには、相手と歯車がかみ合うような話題を提供しながら、お互いに共有できる心情をつくりだす。状況に応じてそのつど変身し、相手を楽しませる芝居心こそ、よい人間関係を保つ原動力となる。

Q05　子どもに尊敬される父親とは？

マンガ家の手塚治虫さんがその一連の著作について、次のようなことを自伝で述べていた。「科学万能の時代でも、人は一介の生物にすぎない。ほかの動植物と同じレベルの生物なら、せめて人間らしく、生きている間に十分生きがいのある仕事を見つけて、そして死ぬときがきたら満足して死んでいく。それが人生ではないか」

こんなテーマをマンガのなかで繰り返し描いていくのが、自分の生き方であるというのだ。手塚さんの作品が大衆にこよなく愛されて感動を与え、親から子へと読み継がれているのも、作品を貫くすばらしい心意気が感じられるからであろう。

この心意気のベースになっているのが「理想」であり、「夢」「ロマン」である。先が見えない今日のような時代こそ、あなた自身の将来の夢を描いていくことが肝心だ。夢をもつこと自体、自立への活動の源になるからである。それは、人としての魅力を培うために絶対に欠くことのできない基本条件である。ＥＱ型の父親であるためには、人生にも仕事にも夢やロマンをもち続けていく男であるべきだ。

ところが、現代の父親にはこの心意気が不足気味である。しかも子どもには「世の中、カネしだい」「バレなければ何をやってもいい」といった、社会の醜さを見せつけている場合もある。理想を追うよりも現実に妥協することをすすめているのだ。

そして、よい大学や会社に入れとせきたてたり、好条件の結婚を求めて玉の輿《こし》を探させる。結果として、若者たちは生きがいや希望はもてず、絶えずイライラしており、いじめや性的犯罪、麻薬などにはけ口を求めるようになっていく。

もし父親に心意気があって、よい生き方を示して生き抜いているなら、子どもは父親を尊敬し、好ましい「ヒューマンインパクト」を受けながら、その人生を歩んでいくようになるだろう。現代はロマンのない時代といわれているが、ロマンなき父親はいつの時代でもパワー不足気味である。であればこそ、ロマンの灯を絶やさないように心がけて前進することだ。

Ｔｒｙ！
ビジョンを明確にしよう！

あなたはどうなりたいのか？　実現したい夢は何なのか？　あまり遠い将来に目を向けるよりも、まず、今の時代のテンポに合わせ、３年、５年、７年先の道しるべを考えてみよう。その目標に向けて堅実に歩を進めていくことで、子どもは尊敬の念を深めていく。

Ｑ06　存在感のある父親になるには？

かつての父親は家父長制に守られて、父親というだけで家長としての権威と権力が与えられていた。子どもたちに敬われてそれなりの存在感があった。子どもは、本当の厳しさとやさしさを教えてくれる父親の背中を見て育った。父親はときには押しつけるような家父長としての権威を示し、肩に力が入っていたとはいえ、子どもの手本となる立派な父親であろうと心がけていた。

しかし、今日の家庭環境で父親が存在感を示すためには、それなりの演出や工夫をする必要がある。ときには妻に、家庭という「舞台」での共演者として、助けてもらうこともあるだろう。たとえば単身赴任中の父親であれば、母親が父親のよい面を子どもに伝えるよう努力して、遠くにいる父親の存在感を強めていく。だが妻に子どもへの通訳をしてもらうには、日ごろから夫が妻にきちんと向きあい、理解されるように努力している必要がある。なんの自己表現もせずに、妻に背を向けておきながら、子どもに対して善意の努力をしてほしいと願っても、どだい無理な話だ。

父親の存在感は、ふだんの何気ない生活態度のなかから尊敬できる対象として、自然に子どもが受け止めるものである。何もいつも謹厳実直である必要はない。たとえば家族旅行の際に、ちょっとハメをはずすようなふるまいがあってもよいだろう。

中小企業経営者でもある能登忠夫さんは、高校時代より植物研究を続け、植物大辞典編集にも携わった本格派だ。現在全国に３０００人余の会員をもつ植物愛好会の団体副会長として、週末はもっぱら会員の植物採集指導に余念がない。能登さんは２人の息子を小さいころから、植物採集を兼ねた山歩きに同行させた。道々、四季それぞれの植物の特徴を解説しながら、親と子の情感コミュニケーションをずっと継続させてきた。

また、能登さんは自分の会社に子どもを連れていき、父親はなぜ働くのか、家庭内でどういう立場にあるのかをさりげなく子どもたちに見せた。父親が自分の仕事に誇りをもって働いている姿を見せることは、子どもの人間形成において、非常に効果的な「心の調味料」になる。自営業であれサラリーマンであれ、「そのおかげで自分たちの生活が支えられている」という認識をもつきっかけになるのだ。子どもは、母親の背中で生活を、父親の背中で人生を見てきた。

何かひとつ、これだけはゆずれないと言える「自分の世界」をもち、人生に立ち向かう姿そのものが、父親の存在感につながる。能登さんの長男、次男とも情緒豊かな好青年だが、おそらく父親から学びとったものは、彼らの子どもたちに受け継がれていくことだろう。誤解してはならないのは、父親だから尊敬されるのではなく、人間としてきちんと足跡を残していくような生き方をしているから尊敬されるのである。

Ｔｒｙ！
これだけはという自分の世界をもつ！

何かに打ちこんでいる父親の姿に、子どもは強く印象づけられる。趣味でもなんでも、取り組み方が中途半端でなく、本格的に徹底研究している父親を誇りに思うのだ。父親の存在感を難しく考えなくてもよい。子どもにとって誇りに思える何かを父親がもっていれば、それがしっかりと心に刻みこまれていく。

Q07　子どもの欠点にどう対処するか？

世の中を動かしている人は、学校の成績が優秀だった人ばかりではない。確かに、世の中には素質のすばらしい人、頭脳明晰《めいせき》な人も少なからずいて、それなりに立派な業績をあげている。しかし、大多数はごくごく普通の人である。この普通の人が、好きな道を歩きながら、たゆまぬ努力を重ねることによって、大きなことを成し遂げているケースがきわめて多い。松下幸之助さん、本田宗一郎さんといった例をあげるまでもなく、学校の銘柄で人間の価値が決まるものではない。

しかし、そのように頭のなかでは理解していても、学力や学歴にこだわっている多くの親たちがいるのも事実であろう。私は、自分たちが生み育てた子どもの素質を、もっと自信をもって評価してほしいと思っている。親たちに自信がなく迷っているから、子どもたちも目先のことに一喜一憂したり、世間並みのかっこよさを求めてうろちょろする。親の迷いをそのまま子どもが引きずっているのだ。

子どもに対して「こうすべきだ」「ああしてはいけない」と親は言う。それでは子どもの逃げ場はふさがれてしまう。よかれと思って言うのだろうが、これは親たちの代理戦争を、子どもたちにさせているようなものだ。子どもたちを、親がつくりだしたＩＱ思考の「鋳型《いがた》」に無理やりはめこもうとしているのである。

親が子どもをまるごと観察し、本来の素質のよいところを見抜いて、それが絵になるように心配りしているならば、子どもはおのずと自分がやりたいことの目標を見つけて努力するようになっていく。大切なのは、子どもの納得がいかないところやさまざまな矛盾を温かく包みこみ、人間をまるごと受け入れることである。その長所にのみ目をかけて、欠点は、それが表面に出てこないように抑えるクセをつけてやるだけでよい。

欠点を直すことに無駄なエネルギーを消費するよりも、長所を伸ばすことに心を砕いていくことのほうが、子どものためになる。「アバタ（欠点）には片目をつぶり、エクボ（長所）には両目を開けて」である。そうすると、子どもにもその気持ちが伝わって、親子の望ましい交流が求められる。

人とのつきあいにおいてよくあることだが、人の欠点を知ると、初めのうちは小さな傷という程度で気にならなかったものが、その人とのつきあいが深まるにつれて、会うたびにしだいに大きな傷口に見えてきて、いつも意識せずにはいられなくなる。それが欠点として意識する度合いが強くなる程度であればまだよいが、美点と見られていたものにまでカスミがかかってくるとなれば問題である。

大切なのは、子どもの欠点を意識しすぎるあまり、せっかく伸びる芽を摘みとってしまわないように心がけていくこと。欠点は、自発的に直そうとする強固な意志がないかぎりよくならないもので、他から注意を受けたところで簡単には改善されない。

Ｔｒｙ！ 子どもの長所を評価しよう！

子どもの欠点は、本人がその気になって直すようになるまでは、他人に迷惑をかけたり害を与えないかぎり、片目をつぶって放置しておく。子どもの性格や能力のうちで、伸ばしてやりたい長所を積極的に評価することが、子育てには必要である。

Ｑ08　子どもを八方美人にしないためには？

　ある大学教授が学生に対して「あなたが恐れていること」という題で作文させたところ、いちばん多かったのが「他人に嫌われること」だったそうだ。他人から嫌われることを恐れる若者がふえているということは、「だれがなんと言おうと、自分はこう生きていく」といったわが道を行く気概をもつ若者が減っていることでもある。他人におびえながら生きていく若者は、自分がどう進んでいったらよいのかわからず、それでは自分の存在すら否定してしまうことになりかねない。

　そんな例のひとつに、八方美人型の生き方がある。人に嫌われまいとしてあちこちに愛想をふりまくことの好きなこのタイプは、そのいじらしい努力のわりには、あまり効果を上げることがない。いつのまにか、信用できない人間にされてしまうのである。

　なぜ八方美人型にそんなに信用がないかといえば、本人の主体性が感じられないからである。だれからも好かれるように行動するためには、自分を相手に合わせていく以外にない。

　主体性をもつ自分らしい生き方を求める人であれば、自分とはフィーリングの合わない人とのふれあいを、積極的に求めるようなことはしない。つまり八方美人型の人は、「自分がなにものであるのか」がまだよく理解できていないのだ。

確固たる行動哲学がなく、行き当たりばったりの人生を過ごしているようでは、自立していくのにかなり苦労することになる。親はこのことをシッカリと自覚して、子どもに将来へのビジョンをもたせるように仕掛けていく必要がある。

Ｔｒｙ！
「人生の師匠」をもたせよう！

将来へのビジョンをもつには、人生の師匠探しが肝心だ。父親は、いずれ子どもがみずから理想のモデルを探し求めることのできるように、小学生のころから子どもの心のなかに受け皿づくりを仕掛けていこう。

手っとり早いのは、子どもが好きな人物、あこがれている人についての資料をできるだけ集めて、当人のことならなんでも知っている「通」に子どもを仕立ててあげてしまうことだ。「人間」に関心をもつように仕向けていくのである。そうしているうちに、いずれ子どもは自分で尊敬する師匠を見つけることだろう。

父親業講座②
息子の勉強に対する戦略と仕掛け――筆者の実践例――

私は息子の中学進学時に、某私立中学をすすめた。知識をふやす勉強は成人してからでも可能だが、人間をきたえるのは10代のうちにしっかりやっておくべきだと考えたからである。私の人間形成が、都立九段中・高校の６年間（旧制中学最後の卒業生である）にできあがった体験から、そのように思えたのである。そこで息子にも同じ体験をさせようと思い、中学受験の際に人間教育に熱心な中・高一貫教育の学校を物色した。

たまたま当時私が勤務していた会社に、同僚や先輩社員から人気があり好感をもたれている社員がいた。その社員がいずれもこの中・高校の卒業生とわかり、学校の内容を調べたところ、「全人教育」がその伝統であることを知った。これは息子の人間教育の場として最適ではないかと考えて、息子に挑戦してみるようにすすめたのである。

息子が中学に入学したとき、私は次のような言葉をかけて激励した。「キミの勝負は、これから6年後の3月3日（国立大学受験日のこと）だ。そのときに実力発揮できるように自分のペースでがんばれ。ただ、うちは経済的余裕がないんだから、できれば落第はしてくれるなよ！」


ひとり息子であるため、私は幼児のときから過保護にならないように気をつけ、息子を信頼し、その自主的判断を尊重するように心がけてきた。「勉強」という言葉は中学入学以降、いっさい口にしなかった。学期末に持ち帰る通信簿に淡々と捺印するだけだった。息子の動向については妻から耳にしていて、将来のためによかれと思うことがあるときだけ、妻を通じてアドバイスした。それもほとんど記憶にないほど少なかった。

息子は好きな写真を撮るために各地を飛び歩いたり、地理研究部に所属して部活にのめり込んだり、早朝登校してテニスに興じるなど、文字どおりのびのびと高校2年まで学園生活をエンジョイしていた。高校3年生になると、受験テクニックを身につけたいと言って、クラスメートとともに予備校の現役国公立コースに自発的に通いはじめた。

息子は大学で地球物理学を専攻したいとの意思決定がすでにできていたので、志望校選択に迷いはなかったし、私としては息子の行動をじっと見守るだけであった。そしていつの日か、酒好きの私のために「オヤジ、一緒に酒を飲もう」と息子が１本ぶら下げてくる日を心待ちにするようになった。

社会人になって最初の冬のある日、息子はスキー旅行で蔵王温泉に出かけたおり、名酒「まほろば」をみやげに帰ってきた。長い間、この瞬間を待ち望んでいた。ようやく子育てが一段落し、「オヤジ」としてのけじめがついた日でもあった。こんなささやかなふるまいを、本人は私の夢を自覚することなく自然にやってくれた。息子の自主性と可能性を信頼しつづけ、ときどき激励して自信をもたせる。そして遠回しに注意を与えながら、自立心をはぐくんできた成果ではないかと自負している。

Q09 「指示待ち人間」の子にしないためには？

今の子どもたちは、他人の力や何かをあてにする「他力本願」型で、人の指図どおりに動く「指示待ち」人間が多いといわれる。小学校に入るまでは親の言うとおり、それからは学校や塾の教師の指図のまま。学校は知識を学ぶ場所で、それも「1たす1は2と覚える」といった詰めこみ式の暗記が中心である。

このような「型」を覚えこませることは、子どもが人間として生きるために必要な手続きであるに違いないが、それがすべてであってはならない。自分の頭で考える習慣が身についていないので、ただひたすらに言われたとおりにするしか頭が動かなくなっている。

それには、まず父親から考え方を変えてみよう。家庭教育のあり方について、切り換えスイッチのボタンを押して、子どもが自発的に考えて行動していける芽をはぐくむ仕掛けを、それぞれの家風に合わせてつくりあげることだ。それは、次のような基本的な考え方に立つものでなければならない。

「おれたちの子どもじゃないか。夫婦それぞれのいいところが、脈々として身体のなかに流れている。そのいいところを子どもに受け継がせ、一人前にして世に送り出す。そのための骨組みとバネをつくってやるのが、親の役目だ。あとは与えられた環境のなかで、必要な知識と知恵とを自発的に子どもがつかみとっていけばいい。心をつかみとるキャッチング・マインド（気づきの感性をもつ受け皿）づくりがいちばん大切だ。学校教育は、親がつくった骨格に、豊かな肉付けをしていく補助手段にすぎない」

この自覚に立てば、おのずと自分流の子育ての方向性が見えてくるはずである。私の場合はこうだった。子どもはひとりだったので、まず決して過保護な親にはなるまいと決意した。過保護というのは、子どもがケガをしないか、事故に遭わないかと、たえず子どもの行動を先回りして必要以上に危険予防に気をつかう親の対応である。そうした子どもは、いざというときの抗体もできていないため、ひ弱な人間になってしまう。

人生は波風のないスムーズなときと、嵐がきてピンチになるときの繰り返し。いわばゲームの連続である。私は自分の人生を「ゲーム」ととらえ、みずからさまざまな「仕掛け」をしているので、子どもにもそのように人生を生き抜いてほしいと思っていた。そこで、子どもに自立心をはぐくませるために、段階的にさまざまな仕掛けを試みた。仕掛けの狙《ねら》いは、あくまでも子どもがゲームを楽しんでいるうちに、いつのまにか知恵を体得していくことにある。

すなわち、小学生のときには「ボーイスカウト」を通して、共生への生活技術を学ぶサバイバルゲームを。また好奇心をはぐくむため、「なぞなぞパズル」をベースにした読書ゲームを仕掛けた。さらに、「実地体験」をすることで知識をふくらませていく遊びゲーム。高校生のときには「ひとり旅」を通して自主性を身につける冒険ゲーム。そして、「尊敬する人物探し」をすすめるヒューマンインパクト・ゲームへとつなげた。

子どもが自分の頭で考え、自分の手足で生活できるように、自身が自分流の枠組みをつくる。親としてその心配りをしたつもりだが、これはなかなかよい結果につながったように思う。

Ｔｒｙ！
自発性をはぐくむ仕掛けを！

子どもがどのように育ってほしいか、夫婦で大まかな枠組みを考え、そのために必要なことを日常の生活に取り入れる。その後は、子どもが成長するにつれて明確になってくる性格や持ち味に合わせて、当初描いていた枠組みを柔軟に変えていく。

Ｑ10　打たれ強い子どもに育てるには？

つい子どもを甘やかす、子どもの欲しがっているものを買い与えてしまう親というのは、子どもが失敗したり反発するのを怖がるからである。子どもにのしかかる抑圧を除いてやることを自分の義務と考えて、先回りして手を貸し、子どもが喜ぶものを無条件に与える。

子どもは失敗すれば、失敗から必ず何かを学ぶものである。

逆にいえば、失敗しなければ何も学べないのだ。まずは親のほうが、失敗を糧としてバネにすることの効用を理解しておく必要がある。「人生の最大の失敗は挑戦しなかったことだ」という至言があるが、そのとおりだと思う。失敗や挫折《ざせつ》といったマイナスを、プラスに変える逆転発想ができるような子どもに育てることが肝心だ。

だれだって、失敗することはいやなものである。うまくやりとげれば喜びがあり、失敗したら気落ちしていくのが人情だろう。どんなことでも何かやってみたあとには、必ず多少なりとも感情の動きがある。この感情に対してのこだわりがその人の人生航路に影響を与えていく。

つまり、うまくいったときには、その喜びがすべてであるから何のこだわりも生じないが、問題は失敗に終わったときの感情にどう対処していくかということである。

そのめどが立たないと、失敗して挫折感を味わうのがいやなので、何もしようとしなくなる。何かの問題に直面したときに、対決することを避けて何もしなければ、後悔することもないかわりに、生産的なこともない。そして、そこから先へは一歩も進めないわけだ。

意欲的に伸びる人は、自分の感情処理の仕方を工夫して行動しており、失敗したらどうしようなどと考えず、「まずやってみることが先決!」と一歩踏みこんでいこうとする。そして、もし失敗したときは、そこで流した血と涙をムダにしないように次のステップで生かしていく。やってみなければ決して知ることのできなかった現実の、厳しくてつらい味がわかっただけでも、大きな進歩ではないか。

子どもにもこの意気で、「失敗を恐れず、まずはやってみることだ」と言ってやってほしい。「失敗は成功の母」と言われるが、失敗からさらに新しい解決の道を求めて、子どもの気持ちを前向きにさせていくことが大事だ。失敗が続いても、親は寛容な態度で子どもを包みこみ、子どもが劣等感に負けないようにすることが重要だ。忍耐強く、失敗から立ち直る勇気をはぐくんでいこう。

Ｔｒｙ！
失敗から立ち直る勇気をはぐくもう！

ドジを踏んだら逆転収拾策を工夫させればよい。いつもドジを踏み、失敗ばかりしている人間でも、逆転ホームランを打って人生の勝負に勝てることを子どもに理解させよう。

Ｑ11　どうすればいじめをなくせるのか？

いじめによる悲しい事件が後を絶たないが、先生や学校を責める前に、親はわが子を自分で守り、救う覚悟をしなければいけない。いじめには決まった処方箋はないように思う。予防は不可能に近いといわれるなかで、いじめを防ぐのも子どもを救うのも、親の勇気と行動しかない。

いじめに限らず、社会現象においては「子どもは親の鏡」ということに思いあたる。もしも子どもに他人を攻撃したり非難するとか、ねたんだり批判したりするといった望ましくない行動が見られるとすれば、それは親の性格にあるそんな部分と無縁ではないだろう。

「子どもを育てるには、まず親が育たねばならない」という鉄則は、いつの時代も変わらない。あなたが自意識過剰でありのままの自分を受け入れない親だとすると、いつも心のどこかで自分のいやな面を気にしたり、自分に失望したりで、やや自嘲《じちょう》ぎみの性格かもしれない。あなたは、そんな部分は絶対に子どもには見せたくないので、つい虚勢を張って自分が立派な人間であるというフリをする。

ところが、自分が気にしている弱みや欠点などを今度は子どものなかに見つけると、ついそれを強い言葉で批判してはいないだろうか。親から批判された子どもは、「お父さんだってやってるじゃないか！」と責任を転嫁する。あるいは、自分に失望して物事に真正面から取り組もうとせずに無気力になったり、「くそくらえ」と他人を中傷する傾向が強くなってくる。

近ごろのパロディ過剰の大人社会では、まじめであることがからかいや軽蔑《けいべつ》の対象となることが多い。まじめ＝真剣になることが「きゅうくつ」「カタイ」という負のイメージで受け止められているのだ。かつて、まじめをユーモアで笑いの対象にすることはあったかもしれないが、それはまじめすぎるから融通がきかないなど、他の欠点があったからで、まじめそのものが否定されることはなかった。

だが、今は大人社会におけるパロディ過剰が、子ども社会の「まじめいじめ」を引きおこしている。まじめがどういうことなのかを知らない子たちが、大人社会をまねていじめの対象にする。まじめで何事にも熱心な子が「マジ？」とからかわれ、いじめられるのは嘆かわしいと言うほかない。一事が万事で、大人社会の歪みが子ども社会に反映しているのだ。

高校生の子をもつ父親が、いじめられている子どものために学校へ足を運び、校長や担任に会って相談する一方、相手方の家を訪ねまわり、両親に会って話しあったところ、たいていの親が子どもの行動を知らず、父親が動いたおかげで子どもたちは再び安心して通学できるようになったという。子どものためには、ときにメンツを捨てることも大切だ。多くの場合、親に行動する勇気がなく、「でしゃばりな親と思われはしないか」と体面を気にしていて、早期解決のタイミングを逃している。

Ｔｒｙ！

まず親がプラスの人格をもとう！

時代の風潮に押し流されることなく、親自身が人間としての「プラスの人格（誠実な心、ひたむきな情熱、思いやり）」をはぐくむことが大事だ。プラスの人格で子どもを受け入れれば、子はいつしかよい方向に感化され、みずからも同様の人間形成を試みることだろう。

＊いじめられている子どもに対する救出策は、次ページを参照。

父親業講座③

子どもをいじめから守るために

いじめは早期発見が大切である。子どもは先生や親に言いつけたことが、いじめグループに知れるのを恐れて、なかなか話そうとはしないから、細心の注意を払ってアプローチしていかなくてはならない。

服の汚れ、身体の傷、教科書やカバンの落書き、登下校時のカバンや持ち物がなくなる、表情が暗い、食欲がない、夜うなされる、お金をせびる、電話におびえる、以上のような点が感じられたら要注意である。

私が敬愛するカウンセラーの杉野貞子さん（故人）が提言する「親にできるいじめ救出策」をご紹介しよう。

1．いじめの発見

「学校へ行きたくない」は、子どもからのシグナルだ。せっぱつまった子どもたちのSOSをしっかり受け止めよう。

2．命を守る

「死にたい」と考える子どもには、子どもの気持ちを察しながら話をし、子どもの視野を広げるとともに、別のいろいろな方法を一緒に考える。そして「必ず助ける」と子どもに決意を告げる。

３．学校へ働きかける

校長、教頭、生活指導主任、担任の先生に集まってもらい（信頼できる先生を探す）、事実を告げ、相談する。そして学年会議に取り上げさせ、各教科の先生に状況を知らせる。

４．クラスのいじめの構造を変える

具体的なテーマで、クラス討議を重ねてもらう。また、緊急父母会を招集してもらい、父兄全員に考えてもらう。クラス討議と父母会での話は各家庭で親子に話しあってもらう。そして、いじめの止め役を４人以上ピックアップして頼み、その打ち合わせがすんだところで、本人が希望すれば登校させる。いじめっ子を悪者にしない（＝理解・仲直り）心配りも大切だ。

＊地域の警察署にも、いじめの相談窓口があります。

Ｑ12　ひ弱でいくじなしな子どもにしないためには？

今の時代は、「刃物は危険なので持つな」「危険な遊びやケンカはダメ」「見知らぬ場所には行くな」という具合に、危険を予測できるものはすべて、大人の手で刈りとられていく。

これでは、子どもを世間の荒波から隔離して、「純粋培養」していくようなものだ。当然ながら、ひ弱でいくじなしの子どもになってしまう。世渡りするにもケガのないように他人の尻馬にのっていくか、石橋をたたく主義でいて、すべて大人まかせの傍観者人生を送る子どもがふえていく。

現在の子どもをめぐる状況で大きく欠けているのは「冒険心」である。子どもに、未知のものに挑戦する心がない。冒険というのは、夢を育てるものである。未知なるものに出会うということは、夢や空想をはぐくむきっかけになる。子どもというのは冒険をしたがるもので、できないこともできるように思う。ところが親のほうでは、やる前から「できないんじゃないかな」と思いすぎる。

冒険心がなく、すべてがなりゆきまかせで現状維持型である人は、何をするにも変化志向が希薄なため、その人の影まで薄くなりがちである。

確かに挑戦するには勇気がいるが、大切なのは死という最終目的に到達するまでの長い道のりを、自分自身に何かを課しながら、たゆまずに第一、第二、第三……と多段式にロケットを発進させていくことである。冒険心をもって挑戦するというのは、勇気ある行動の積み重ねである。小さなジャンプを続けるうちにリズム感がつき、しだいに大きな挑戦が可能となっていく。

Ｔｒｙ！
子どもの冒険心をはぐくもう！

「未知＝道」を探しながら、ひとり歩きやひとり旅をすることは、子どもの意志と冒険心をはぐくみ、夢を抱かせるものだ。未知のことに次々と挑戦し続けていく貪欲な心が、みずからの人生を切り開いていく「仕掛けマインド」のエキスになっていく。

Ｑ13　子どもの抵抗にはどう接すればいい？

千の手のそれぞれの掌に目をもっているとされる千手観音について、宗教評論家のひろさちや氏がユニークな見解を述べている。

「観音が人を救済するために、ときには人を殴らねばならないことがある。それは『愛のムチ』であって、相手をたたきのめすことが目的ではない。したがって、千手観音はその１本の手だけを使って、救うべき人をお殴りになる（その必要のないときには絶対にこの手を使わない）。残りの９９本の手は、そのとき別々の働きをしているはずだ。そのうちには、今殴った人をやさしく愛撫しておられる１本の手があるであろうし、あるいはその人を拝んで合掌しておられる２本の手があるはずだ」

この千手観音の話は、子育ての神髄を教えている。子どもが人間としてあるまじきことをしたら、親は殴るといった体罰を与えないまでも、厳しく叱らねばならない。しかし同時に、叱られてつらい気持ちでいる子どもを、「ごめんね」と両手でしっかり抱きしめることが肝心なのだ。

厳しく叱ると、子どもが親に抵抗してくることがある。そんなときは、以下のことを心にとめて接するとよい。

・子どもの信頼を得るために、親は強い情熱をもち、適度に自信のある態度を示す。

・父親の存在感と安心感を感じさせるために、「常にかたわらにいる」という印象を与え、物事に対して軽々しくふるまわない。

・子どもの気持ちをストレートに受け取るために、話をよく聞き、必ず感想を述べる。

・家族としての一体感をもつために、子どもに何かの出番をつくってやり、その行動を認める。

・子どもにとって身近な存在でいるために、子どもより少し前を歩く感じで、あまりかけ離れてしまわないように心がける。

父親は子どもの「抵抗」をよく見極め、適切な処方箋を愛情とともに繰り出していくことが肝心だ。

Ｔｒｙ！
ホットなハートとクールな目で！

世の中には、「知」足りても「情」なき父親が目立つ。知性に裏づけられたクールな目と、情熱に満ちたホットなハートを併せもつバランスのとれた父親であってほしい。親が受け身で、その時々の状況に流されているようでは、理想的な子育てはおぼつかない。

父親業講座④
子どもの抵抗パターン別解決術

子どもの抵抗には、親の冷静な対応が大事なポイントだ。すぐに頭に血がのぼるようでは、子どもとの対決に勝てる見込みはない。父親たるもの、冷静に子どもの抵抗パターンを見極め、作戦を考えていきたいものだ。

1．かみつき型

とにかく親にまっすぐに抵抗してくるタイプだ。元気があって頼もしい子どもなのだから、納得するまで意見交換をする。ただ、ぎりぎりまで子どもを追いつめないで、一種の避難口を用意して打ちきる。前向きの元気エネルギーを評価して、よい方向に集中させよう。

2. ダンマリ型

注意されるとだまりこくって無言の抵抗を示す子どもは、いったい何を考えているのか親にはわからない。身体におできができると口が開くまで手当てのしようがないが、まったくそれと同じで、みずから殻の中からはいだしてなんらかの意思表示を子どもがするまで、注意したことに関しては放任しておく。ただ、日常的なあいさつなどはふだんと変わりなくざっくばらんに声をかけ、子どもの心の窓が開くのを待つことが大切だ。

3. だだっ子型

何を言ってもすねたり甘えたりしてわがままを言うだけの子どもは、集団生活をするための基本的な能力が身についていないのだから、厳しく注意して反省を求める。このしつけが肝心なときになされないと、子どもはいつかどこかで大きな試練を受けることになる。

４．ナマコ型

話をそらせてみたり、要領よくするりと逃げだすことの得意な子は、たいてい機敏で頭の回転が早い。いつもあの手この手で問題に直面することから避けようと努める。このタイプの子は、真正面から率直に迫られると弱いので、小細工をせずにストレートに親の本音をぶつけてみよう。人生のどんな局面からでも「逃げる」ことは許されないことをしっかり納得させるのだ。

Ｑ14　子どものための時間をどうやってつくりだす？

子どもと一緒に過ごす時間がとれない父親に、その理由を聞くと「仕事が忙しいから」と答える。だが本当にそうなのだろうか。仕事のために家庭を犠牲にしているというのは、自分で自分をコントロールできない言い訳にすぎない。

かつてのビジネス社会では、「仕事の虫」は忠誠心を求める企業からの評価も高く、本人もそれを誇りとしていた。しかし今日では、仕事をしながら楽しむ、そして楽しみながら仕事をする、という考え方に切り替わりつつあり、そのほうが企業発展に結びつくと見られている。

この際、あなたの仕事への取り組み方を、まずはっきり自覚しておくことが大切である。仕事そのものにぶら下がり、あるいはまとわりつくような対応ではなくて、人間らしい生活行動のなかにうまく仕事をはめこんでいくやり方に変えるのだ。そうすれば「自立」という、今の時代にふさわしいセンスをもつことになる。だからといって、企業に対する忠誠心が以前に比べて劣るわけではないし、仕事の効率が下がることもない。

そのためには、仕事に取りこまれないというあなたの「抗体センス」が必要だ。日ごろ「忙しい！」という言葉を連発して、さも仕事の虫であるかのようなポーズをとっている人にかぎって、実際にはたいして仕事をしていないことが多い。

仕事に取りこまれない抗体センスのある人物は、さほど価値のないものにはさらりと対応し、重要な仕事については根をつめて念入りに対処するなど、自分流のやり方で仕事を楽しむコツを知っている。そして仕事に対する時間とエネルギーを意図的に配分し、たとえ一時でも、自分の意思で行動できる時間をつくろうと努力する。

そのためには、仕事に支配されて振り回されるのではなく、ワンパターンになりがちな仕事のやり方に一滴だけ「自分流」を添加して、緩急自在のアクセントをつけることがポイントである。人がなんと言おうと、「これがおれの生きた時間なのだ」と言えるような「時」を創造できる人間であってほしい。

Ｔｒｙ！
時間を友にして生きていこう！

時間は、自分の生活全体を支えてくれる愛すべきものである。よりよい瞬間の連続がよい人生につながる。時間を金銭以上に大切なものと評価し、それをうまく生かす人間だけが、潤いのある生活を実感できる。

Q15　いつも仕事に追われてしまうのはなぜ?

たった一度の人生には、寝食を忘れて「仕事」に打ちこむという時期がある。情熱を傾けて「仕事」に没頭しなければならないという場合もある。そんな「時」と「場合」にうまく対処していくには、「時間」というモンスターをじょうずに飼いならし、人生をゆとりあるものにする工夫が必要である。では、人間らしい持ち味をもって、しかも満ち足りた日々を生きるためには、時間をどのようにとらえていけばよいのだろうか。

すぐれた人物は、「タイム・イズ・マネー」の発想で時間を追いつめ、人間性を喪失するほどまで、時間を厳しく管理したりはしないものである。むしろ、愛するように時間とつきあっている。時間にこだわりすぎる人物にはツヤと潤いがなく、カサカサに渇ききっているようで、およそ魅力を感じさせない。

子育てにはたいへんに長い時間と膨大なエネルギーとを要するのだから、タイムアニマルのような人間であっては父親失格である。

ちなみに、ビジネスマンが自立を目指すための一般的なタイムスケジュールは、20代に人まねをして自分を磨き、30代ではタテ社会をヨコ歩きで行動半径を広げ、同志の発見に努めたり対外交渉術を学ぶ。そして40代以降は、自分の生涯テーマの方向づけを明確にするとともに、対人関係を洗い直し、ビジネスマンとして残り少ない貴重な時間とエネルギーを浪費しないようにしていくことだ。

このようなおおまかな基本設計にそって、自分のペースで時間を「慈しみながら」生きていくのが、人間らしく時間とつきあうコツだと思う。

Ｔｒｙ！
仕事の「主人」になろう！

仕事につかわれるのではなく、自分が主人になって時間を管理しよう。漫然と働くのではなく、緩急をつけて働くことで、生活にも家族とのつきあいにも緊張感が生まれるはずだ。

Q16　家族で自然体の人間関係を築くには？

夫婦のつきあいは、自然体であるほうがうまくいく。夫婦の間に勝ち負けはない。どちらかが力んでしまって、相手に負けまいと突っぱりあうのは、家庭生活が崩壊する前ぶれである。自然体で人と接することができるならば、人づきあいの達人の域にあるとみてよい。

家族同士のコミュニケーションも、父親が家長としての威厳を子どもたちに示そうと体裁をつくれば、その命令口調に子どもたちは反発し、父親の態度を批判する。対話というのは、相手が自然体で聞いてくれると、話すほうもうまく話ができるものだ。うれしいときはうれしい表情をして聞くというように、構えずに自分の気持ちを素直に出していくことが、相手の心の窓を開けることになる。

相手からバカにされまい、だまされまいと斜に構えていると、相手はその気配を察して、決して心を開かない。あなた自身で「意識の壁」をつくるようなことをしないで、どんな場合でも自然体で対応できるように努力することだ。

私は、鏡に映ったもうひとりの自分に話しかけることを習慣にし、自然体を保つようにしている。

「おい、お前さん何やってんの。そんなことでくよくよしてたんじゃあ、恥ずかしいと思わないのかい」と、ふだんの調子をがらりと変えて話しかけていくわけだ。

たとえ家族の前でも、シケた顔やふきげんな表情は見せたくない。爽やかな印象を与えるために、鏡のなかの自分に話しかけることで気持ちをコントロールするのである。

Ｔｒｙ！
心の鏡に問いかけてみよう！

鏡に映ったもうひとりの自分に話しかけてみてはどうだろう。鏡の中の自分とうまく牽制《けんせい》しあい、バランスのとれた心的状態をつくってみる。これにより、孤独とか自己嫌悪といった「獅子身中の虫」（自分の内側から災いを起こすもの）を治めることもできるだろう。

Q17　子どもとの会話不足を補うには？

親がひたむきに子を思う一念というのは、目には見えないけれども子ども心に何かを感じさせて、子どもの生命のなかにしみこむものである。とくに父親の場合は、子どもと接した時間の量よりも、交流した心のきずなの強さ、関わった密度の濃さ、思いやりの深さのほうが、その子の人格形成に大きな影響を与える。

だからといって、仕事の都合や職場の人間関係を犠牲にしてまで、子どもとの会話時間をふやそうというういじましい努力はしなくてもいい。無理して早く帰宅したことで、逆に家族から皮肉な応対を受けた経験を、だれしも一度くらいはもっているのではないだろうか。

親子のコミュニケーションのあり方を考えると、忙しいときは忙しく働く姿を見せるのがよいし、そのことをうまく伝えていれば問題は起こらない。父親の帰宅を待ちかねたようにかけ寄り、うるさいくらいにつきまとったり話しかけたりしてくるのは、せいぜい小学校くらいまでである。中学・高校生ともなれば子どもは自分の世界をもち、あまり話をしなくなる。

私は30代から40代にかけて猛烈に忙しい毎日を過ごしていたこともあって、子どもとのコミュニケーションタイムがとれないまま、いつもすれ違いの毎日であった。これは子どもにとってよくないと思い、なんとか父親の思いを伝える手段がないものか真剣に考えた。そして思いついたのが、子どもへの「メッセージ袋」である。

これは息子が小学2年生のときから始めたコミュニケーション手段だが、「メッセージ袋」を用意しておき、父親の心配りを具体的に示すのである。つまり、息子が興味を抱いていることや好きなことに関する資料を目にふれた新聞・雑誌から切り抜くなり、コピーするなりして「メッセージ袋」の中に入れて息子に渡す。最初のころはおもしろクイズ・パズルだったが、小学校の高学年になると「気象」「カメラ」、そして中学以降は「テニス」「落語」「好きな女性アイドル」の資料なども加わってきて、袋の中身がしだいにふくらんでいった。息子が結婚してからは、息子の嫁にとってもよいと思える資料も心がけて渡すようにしていた。

子どもは子どもなりに自分の好きな道を歩んでいけばよいのだから、父親のやるべきことはそれへ向けての環境づくりであり、好きなことを助長させるための知恵を提供することだ。そんな考え方から、子どもとの対話が物理的にできないことで考えついた苦肉の策が、メッセージ袋だった。

子どもにベタベタとまつわりつくのでもなく、かといって、ほったらかして知らん顔するのでもない。子どもにとって必要な情報の提供であると同時に、いつも子どものことを思いやっている父親の心意気を伝える手段として、この「メッセージ袋」はきわめて効果があったように思う。

Ｔｒｙ！

メッセージ袋で愛情を確認する

子どもが興味を抱いている物事の資料を日頃からチェックし、「メッセージ袋」に入れて渡そう。パソコンをやっているなら、関連するサイトをメールするのもよいだろう。子どもの好きな分野を伸ばせるし、子どもとの共通感覚を育てられる。

Ｑ18　子どもに伝わるように話をするには？

親子のコミュニケーションで大切なのは、言葉に誠実さがあることである。嘘がないことである。

しかし、それだけでは不十分だ。話し方がまずければ、ダメである。子どもの言葉を聞きとり、自分の思っていることを正確に伝えられなければならない。

ただし、「雄弁」とか「口下手」という能力は関係ない。相手が理解できる言葉を用いて自分の意思を伝え、それによって返ってくる反応を、正しく受け止めて聞こうとすることだ。そこから「対話」が始まり、よい人間関係がつくられる。

子どもはわかってくれるだろうと勝手に判断し、自分の立場なり状況なりをベラベラとまくしてるのは危険である。子どもが当惑することに気づいていない。言葉というボールの投げ方にも、心配りがなければならない。スムーズな対話のために大切なのは、会話の流れのどのあたりで子どもに聞かせたい話をもちだすか、いつも頭の片隅でそのタイミングを意識していること。漫然と話をたれ流しにしないで、会話のやりとりを重ねていくうちに、自分の出番がくるように流れを導いていく。

そのポーズは、衆生《しゅじょう》のさまざまな姿を聞き分けている「観音」さまになぞらえることができよう。ちなみに、観音の「観」は人生観・処世観に通じ、相手のものの見方・考え方にじっと耳を傾けて聞く姿そのものが「観音」さまのイメージにつながる。したがって、「自分は今観音のようにふるまっているんだ」という自己暗示をかけ、子どもとのハーモニーを心がけて、自分のセリフを効果的に口に出すタイミングを待つことである。

最初のうちは、子どものペースで会話のリズムが流れてもよい。しかし、どんな話題でも、ひと区切りつく感じのときが必ずある。その瞬間が、こちらの話を切りだして流れを変えるチャンスだ。

Ｔｒｙ！　相手の話を聞いてタイミングをつかむ！

会話の流れをつかむ感覚を磨き、会話をじょうずに流していこう。会話の名人は、相手の話に耳をじっくりと傾ける。相手の話をよく聞いて、自分のセリフを効果的に口に出すタイミングをはかることだ。

父親業講座⑤
よく会話をした子は夢を語れる

ある心理学者が、ハツラツとしていて将来性豊かな20代の若者と個人面接して、成長の歴史を語らせて得た２つの共通点がある。

（１）自分の育った家庭が楽しくて、親とよく話をした

学校のことや成績のことばかりでなく、世の中のいろいろなことについて幅広く話しあい、一緒に遊んだりした。

（２）未来に夢をもっていた

大人になったら何をしようかと考えていて、自分の人生に目標をもち、志を立てて自立性を発揮していた。

子どもは、やがて親から離れていく。人生の初期における親の態度、会話の内容が子どもの将来に大きな影響を与える。父親が子どもに接するときは、壮大な人生のロマンを語る詩人とはいかないまでも、知的好奇心を刺激する役割があることを思い起こしてほしい。

子どもとの会話が弾まないのは、ひとえに共通の話題がないためだ。趣味も感覚も違っているのでは、つい進路や進学の話になってしまい、けむたがられてしまう。といって、父親のほうから共通の話題を探すようでは、いかにも子どもにおもねっているようで、父親としてカッコウがつかない。そこへもってきて母親との話題の波長が合わないとなると、家庭における父親の居場所がなくなってわびしい思いをさせられる。そんな気分がエスカレートすると、「どう話しかけたらいいか、何を話したらいいかで気をつかうくらいなら、今までどおり遅く帰ったほうが気楽だ」という心境になる。

子どもとの共通の話題をはぐくむには、いろいろな方法がある。同じ趣味をもつこともいいだろうし、一緒に外出することもいい。時間のない父親には、１０８ページに紹介したメッセージ袋の活用をおすすめしたい。

Ｑ19　子どもから話を聞きだすには？

「マンガを読んでどんな気持ちになりたいか」という小学生を対象にしたアンケートによると、１位が「心の底から笑いたい」、２位が「元気づけられたい」だった。これは、子どもたちが学校や家庭でのいろいろな制約をきゅうくつに思い、心が晴々とせず、閉塞感《へいそく》を味わって生活しているということであろう。

子どもが急に笑わなくなったり、言葉が少なくなったりしたとき、また子どもが「仲間はずれにされた」「友達とうまくいっていない」と自分の悩みを精一杯に告白したとき、子どもの心の裏側を読み取ることなく、その弱さを叱り、「でも、がんばろう」と言って終わらせてしまう。そんな親や教師が多いのではないだろうか。子どもの本音は、大人に共感してもらうことで自分を救ってほしいのだ。自分の弱さに共感してくれないと、親に捨てられたような気分になって心を開くことをしなくなる。

コミュニケーションのコツは、「人間の心の温かさの交換にある」と言われる。心の温かさを交換していくには、まずお互いがよい話し手、よい聞き手になることである。それはまさに、マンツーマン・カウンセリングをする感じであって、まず相手を信用し、そして相手の考え方を理解していこうと努める、そんなプロセスに似ている。

家族が無口になってコミュニケーションをとることをやめてしまうのは、相互の人間理解が十分でないために、双方の真意が伝わっていないということ。家族のコミュニケーションで大切なのは、相手に心を開き、深く見つめ、その言葉に聞き入るというカウンセリング・マインドだ。

Ｔｒｙ！

家族のよきカウンセラーになろう！

「そうなのか。それでどう思った？」「どうなればいいと思っているの？」。評判のよいカウンセラーは、自分の意見を言わない。ただ、クライアント（相談者）にひたすら尋ねるだけである。そこから、自分で解決する方向を気づかせるように話をもっていくのだ。

Q20　家族の会話をもっと楽しくするには？

「少し場が改まると話せない」「会話に単語を羅列する」「人の話を聞くことができない」「声が小さく語尾が消える」など、子どもの会話による表現力の乏しさが問題になっている。情報化社会の恩恵で子どもは知識が豊富で一見おしゃべりだが、単語の羅列が目立ち、伝えたいことをうまく表現できないことが、文部省の国語審議会の報告書にも指摘されている。また、最近の若者は相手の目を見て話すことをしない。会話が意識の上っ面を流れるだけで、心が通っていないのである。

子どもの表現力不足は、家庭でのおしゃべりタイムを豊かにすることで解消できる。そのためには、家族が本音でワイワイと言いたいことを言いあえる家庭であること。そんな雰囲気があれば、子どもも困ったときには親になんでも相談できるだろう。

家庭を明るく陽気な雰囲気にするには、母親のほがらかさも必要だが、父親自身が率先して裸になっていく「脱衣精神」をもっていただきたい。つまりジョーク感覚が必要なのだ。

ビジネスの場でも家庭内でも、コミュニケーションをうまくやっていくには、ジョーク感覚が必要である。なぜなら、ＩＴ社会になってますます人間疎外が進行しているだけに、人間らしさを打ち出せるツールとしてのジョーク感覚はぜったい不可欠であるからだ。とくに家庭内はできるかぎり、アナログ社会のほうがいい。

ジョークを話したり、ジョークで言い返したりする際の大きな原則は、「自分をバカにできるかどうか」である。客観的に自分を一度ひっくり返して、アホになれるかということである。「おれはエラい」「あいつよりおれのほうが頭がいい」と構えて、「ナニサマ意識」でいる人にはジョーク感覚は身につかない。

家庭においても同じで、「自分は女房より強いし、エラい」などと思っている夫にはジョークは無理である。むしろ「カミサンには頭が上がらないし、カミサンより弱い人間」と感じているほうが自然にジョークが口に出てくるものである。

Ｔｒｙ！
ジョーク感覚を身につけよう！

「人間なんだから失敗もする」と失敗談をさらりと語って、自分をからかう少しばかりの勇気と、

自分を客観的に見つめていける心の余裕があれば、ジョーク感覚は身についていく。ジョークがいっぱいの明るい家庭に育った子は、自己表現がうまく、物事についてもプラス思考になる。

Ｑ21　娘に好かれる父親像とは？

娘から見た父親像は、思春期の前と後とでは大きな違いがある。思春期前の娘にとって、父親は生活のいっさいの面倒をみてくれるやさしい庇護者的存在である。ところが、性に目覚める年ごろになってくると、父親をひとりの男性として意識しはじめるようになる。すると、娘は父親の外見的な印象にもシビアな見方をするようになる。

潔癖感の旺盛な10代の目で見れば、飲んだくれて夜遅く帰宅する父親の姿を目にすることは耐えがたい。そして母親とどうコミュニケーションをとっているのか、「女の目」でしっかり観察している。その結果、父親のありさまに納得いかなくなると反発し、また軽蔑し、不潔感を抱き、口もきかないといったような拒絶反応となる。その期間は、娘が社会人になり、「男の世界」を垣間《かいま》見《み》るようになって、父親の生活行動がかなり理解できるようになるまで続くことだろう。
娘が望む父親像とは、やさしさのあることはもちろん、粋《いき》で清潔感がありオシャレ心をもってい
ることである。日常会話でも、ジョークを言って会話を明るいものにしようとするのはよいとして
も、笑いを押しつけるのはよくない。同様に、きわめて断定的な言葉を使って相手の尊敬を得よう
としてみたり、目立つファッションで身を固めて人目をひこうと努めているのも、押しつけの姿勢
が見え見えでヤボだ。
芝居でも舞踊でも「どうだ、うまいだろう」と言わんばかりの演技や踊りではなくて、うまさを
抑えたところに、観客のほうでその奥にある芸の心を推しはかって、「やるねえ」と思わず感動の拍
手が起こるのである。粋な人を観察していると、行動の仕方そのものに節度があって、やることす
べてに筋が通っているものである。

Ｔｒｙ！
「粋」な父親になろう！

粋は「意気《いき》」に通じ、さっぱりとしてイヤ味がない。何よりあかぬけた雰囲気があることを指す。反対にヤボは、何かと自分本位の考え方をかざして主張していくので、あらずもがなの摩擦をあちこちに生じさせるはめになる。粋であるためには、あまり自分自身にのめりこんでいかないようにする「抑制の心」と「バランス感覚」が必要だ。

Ｑ22　父親のガンバリに家族が応えてくれないのはなぜ？

一般に人間が何かの期待をかけるということは、一種の「甘え」である場合が多い。相手の思惑がどうあろうと、一方的に寄りかかっていくのだから、勝手に期待をかけられたほうは、ありがた迷惑であるにちがいない。

家族に期待をかける父親たちには、共通した感覚がある。それは「一生懸命に面倒をみてやれば、家族もこちらの期待に応えてくれるだろう」ということである。確かに、ときにはその誠意に応える期待どおりの動きをしてくれることもある。しかし、実際にはそんなことはさほど多くはない。

受け皿が小さいために、「期待」というミルクをこぼしてしまっている状態である。

とくに子どもは親の過剰な期待に敏感なので、まずは親ができることを子に与えることに徹することだ。そうやって、子どもの心のなかにコミュニケーションが通じあえるように、橋をかけておく。

その「かけ橋」を、子どもが自分の意思で親の思う方向に渡ってくるようになったら、そのとき初めて子どもにかけた期待に反応が得られるであろう。そこまで相手の受け皿が大きく成長しないうちは、期待をかけずに淡々と子育てするほうがかえってうまくいく。

アメリカの映画女優フェイ・ダナウェイがあるインタビューで、「息子には15歳まではロンドンで『伝統』を学ばせ、16歳からはニューヨークで『競争』を学ばせる。いきなりアメリカの競争社会に入れると、利己的な人間になってしまうから」という興味深い発言をしていた。「ロンドンで」の部分を、「家庭で」と置き替えてみるといい。子どもに受け皿ができていないころから親の功利性を見せつけては、よくないことに気づくだろう。

Ｔｒｙ！
「与える喜び」に徹しよう！

家族のために何をするという発想ではなくて、自分がうれしいから、あるいは楽しいからそのようにふるまっていることに気づくことだ。これだと自分に疲れることもないし、そこにはなんの打算もないので、子どもたちも大らかに育っていく。

父親業講座⑥
子どもを励ます３つのポイント

子どもは、親が思っている以上に、自分自身に対する不安が大きいものである。なんの気なしに言った一言（たとえば「ずいぶん成績が下がったわね」など）で、「自分はダメな人間だ」と思いこむ子もいる。とかく、「自分は子どもと仲よしだ」「子どものことがよくわかっている」と言う親ほど、じつは子どもの世界や悩みがわかっていない。

そんな悩みの聖域はそっとしておいて、子どもをあたたかく、まるごと包みこむよう励ますことが大切だ。子どもが自信をつけて、自発的に勇気をだせるように導こう。

1．励ましのつもりが、脅《おど》しにならないように！

「～しなければ愛さない」というような条件つきの励まし方、また「すぐれた人間にならなければいけない」というような抽象的な言い方は、子どもにただストレスを与えているようなものだ。

2．励ましで、自信を失わせることのないように！

「～するな」という禁止メッセージが多すぎると、子どもは主体性をなくしてしまう。また、親が「勇敢であれ」「努力しろ」と言う一方、何かにつけて「危ないからやめなさい」と言っていると、子どもは混乱する。

3．非現実的な励ましに注意！

子どもの素質・適性を考えて、子どもが具体的にイメージできる「1歩先の目標」を掲げて励ますことが肝心だ。プールで25メートル泳げたら、「次は50メートルに挑戦だ。途中で足をついてもいいけど、なるべく休まずにガンバレ」と励ます。子どもがイメージしやすい、現実的な目標を掲げるのがポイントである。

Ｑ23　なぜ子どもにバカにされるのか？

子どもから尊敬と信頼を受けられない親ほど悲しいものはない。なぜそうなってしまうのかというと、それは親の子どもに対する愛情の注ぎ方に問題があるからだ。

親が子どもに愛情を注ぐのはもちろん大切だが、それは子どもをペット同然にペロペロとなめるようなかわいがり方で育てることではない。もしそのような育て方をするなら、子どもが大人になったとき、親は自分にとってきわめて重宝で便利な「ただの年寄り」ぐらいにしか思われないだろう。親は、子どもが大人に成長したときに「親として情けない」とバカにされることになる。

そういう悲劇を起こさないために、父親はとくに「息子はおれにとって生まれついてのライバルなんだ」と意識するようにしたほうがいい。そうすれば軽蔑されるようなみっともないことはすまいという緊張感が働いて、常にシャンとした気持ちでいられる。これだけは子どもには負けないものをもち、あとで恥ずかしくなるような行動は避けようと心にとめていれば、ともすればくじけそうになる心にカンフル注射を打つことにもなる。

ライバルというと、互いに敵愾心《てきがいしん》を燃やしてにらみあう競争相手のように受け止められやすいが、ここでは違う角度から考えたい。

人生をきちんと誠実に生きていくことにおいて互いにライバルであれば、傷つけあうこともない。そういう誠実さを失った場合は、いちばん身近なライバルである子どもたちに距離を置かれるのも当然だろう。

Ｔｒｙ！
子をライバルとして意識する！

子どもを愛すべきライバルとして意識してみよう。愛情のなかにも、親として毅然《きぜん》とした生き方を示すことができれば、「親として情けない」などとバカにされるようなことは決してないはずだ。

Ｑ24　夫婦円満を保つためのコツは？

フランスの作家アンドレ・モロワは「夫婦は、それを構成する両者のうちで、より低い水準の者に合わせて生活したほうがうまくいく」と述べている。夫婦の緊密な交流を続けていくための知恵としてまさに至言である。この夫婦仲（両親仲）がよくないと、子どもは幸せに成長しない。

夫は男として、抽象的な世界にふれて、遊びながら生きている。ところが妻のほうは、その思考と行動がきわめて具体的である場合がある。したがって、夫がよく話題にしたがる政治・経済・人生・文学・ビジネスなどを妻に向けても、次元の異なる世界の出来事として受け止められてしまうことが多く、夫と妻の対話には不適当である。この場合、妻の話題の中心となるのは生活に密着した現実的なことであって、料理・育児などの家事、子どもの教育、レジャーという具合に展開されていく。

そこで、夫が妻の相手役になって対話するときは、抽象的な世界のことをなるべく横におくようにして、妻のもちだしてきた話題に耳を傾ける。妻のペースで話を展開しながら、何か相談ごとがあれば問題解決にあたるというように「夫」としての役柄を演じきることが、こういう関係では夫婦関係を円満に保つ秘訣《ひけつ》である。

実際、夫婦は「他人」という自覚に立ってつきあうほうが、真の親密さが生まれる。結婚するまで2人は習慣も風土も違うところで育ってきた。家庭環境も、育ち方も違う2人が一緒に生活するのだから、すべてが違って当然である。だからこそお互いにコミュニケーションを大切にしないかぎり、相互理解はできない。

私は30代から40代にかけて、猛烈な仕事人間であった。毎日、深夜に帰宅し、日曜日は「寝てよう日（もはや死語？）」を決めこみ、睡眠不足気味の体力の回復に努めていた。

そこで、コミュニケーション手段として工夫したのが「お茶漬け作戦」である。深夜帰宅して寝ている妻を起こし、お茶漬けを用意してもらう。その準備と食事する間の10分程度を夫婦の対話に当てて、その日の出来事や子どもの様子など、妻の話に耳を傾けるようにした。とりたてて話題がなくても、とにかく対話が大切なんだと信じていた。そうやって妻への愛情を示し、また私のことも妻に理解してもらいたいと思った。

常識から言えば、「せっかく寝ているところを起こすなんて」と思うことだろう。しかし、疲れているからと気兼ねして、お互いにいつも背中を向けていたりすると、その思いやりがアダとなり、コミュニケーションのない、家庭を顧みない夫という烙印《らくいん》を押されかねない。

この作戦は効果があった。子どもについての状況を把握できたし、適切な助言も与えられた。妻がかかえているさまざまな問題を共有でき、私も妻からアドバイスをもらったりするなど、夫婦間の会話づくりにたいへん役だった。妻の言葉に耳を傾けようとする姿勢を示したこと、つまり妻への愛情を具体的な行動で表したことがよかったようだ。

Ｔｒｙ！

「お茶漬け作戦」で会話不足を補う！

ちょっとした小道具（お茶漬け、コーヒー、紅茶、お酒など）を仕掛けに、夫婦の会話を引きだそう。目的は、日々たまっていく夫婦間の欲求不満を解消させること。「芝居心」を忘れずに妻の言葉に耳を傾け、妻への愛情を素直に表現することだ。

Q25　妻との時間の過ごし方を活性化するには？

世間には、妻が一人前の社会人として伸びていこうとするのに、足を引っ張るような言動をとる夫も多い。自信のなさの裏返しが、妻への尊大な態度となって表れるのである。夫婦間の活性化は、夫のほうに妻の自立心を育てようとする心配りがあって初めて可能になる。そのためには言うまでもなく、お互いの信頼関係が大切だ。

夫と妻の自立について、作家の夏堀正元氏は的確な比喩をもって表現している。

「夫婦は、森のようなものである。互いに一本の樹木として独立し、ときには対立しながら協力しあう。そうした生き方をしないと、森が枯れるようにその夫婦もいつか深いところでダメになる」

夫と妻が自立した関係を保つ。いざというときには柔軟に対応して協力できる。そうあるためには、結婚後の早い段階から夫婦単位で遊びや交際を楽しむことが必要だ。早くから夫婦一緒の方策を講じないと、いずれ大きなツケを払わされることになる。この危機意識に目覚めることが肝心であり、そうすればなんとしても夫婦が一緒に行動する時間をひねりだそうと真剣に工夫する。貴重な「時間」は待っていて与えられるものではなく、意識してひねりださないかぎり、決してつくれないのだ。

とりわけ子育て中の専業主婦こそ、夫婦単位のつきあいを大切にすべきである。家事・育児に追われる女性は、外で働く男性に比べて人と接する機会が少ない。日常の交際範囲も、同じような立場の近所の主婦などに限られてしまう。夫婦ぐるみのつきあいで、夫以外の男性と話をする機会がふえれば、視野も広がっていくし、何よりも夫婦の間柄をより活性化しようという意欲が芽生えてくる。

それにはまず、夫の意識変革が不可欠であって、会社中心の生活にかたよりすぎていた生活スタイルを、夫婦２人の時間を大切にする方向へと切り換えていかなくてはならない。

私も30代半ばのころから夫婦ぐるみのつきあいの重要性に目覚め、高校、大学、各種勉強会で知りあった波長のあう仲間で折にふれて集まっていたグループ「七夕会」を、ある時期からカップル会に切り換えた。子どもがまだ小さいときには家族全体で潮干狩りや遊園地に出かけたり、育児から解放されてからは食べ歩きや泊まりがけの旅を楽しむといった具合に趣向をこらして交流に努めた。

これには夫婦が話題を共有することになって、コミュニケーションの機会が格段にふえていく効果もある。以前に好評だったカップル企画を参考までに紹介することにしよう。

京都在住の友人の協力を得て、約30名で京都へ１泊旅行を催した。内容は、日本の代表的な和風旅館の粋を味わうために「柊家《ひいらぎや》」に泊まり、現代の人気版画家井堂雅夫氏のギャラリーとアトリエを見学して、ふだん立ち入ることのできない製作現場をのぞかせてもらう。そして大津にある和菓子のソニーと言われる「叶匠寿庵《かのうしょうじゅあん》」の創業者芝田清次氏の講話を聞くために、６万３０００坪の菓子の里「寿長生《すない》の郷《さと》」を訪れる。

この３点セットの企画は、参加者全員に喜ばれて大成功であった。現地で特別参加した50代前半のビジネスマンが、夫婦で楽しむ方法を学んだと述べていたことも印象的であった。

Ｔｒｙ！
カップルでの交流を！

カップルでの交流は、まず夫の交遊関係を軸にして縁をつなぐのがよいだろう。男同士の友情をベースにした信頼関係がそのまま妻たちに伝わっていき、女同士の交流がじつにスムーズに展開していく。両親の仲がよいと子どもたちも幸せだ。

Ｑ26　どうやればうまく子離れができる？

「親はいつまでも親ではない」とは真理である。しかし、「子どもはいくつになっても子ども」と、成人してからも干渉している親がいる。子育てそのものが、生きがいになってしまっているのだろう。「中学生になれば立派な大人である」との認識に立って子どもと接していかないと、子どもはいくつになっても自立できない。事実、「16歳以降の世話やきをしてはいけない」という精神科医のアドバイスもある。

性に目覚める思春期になって、子どもは性の欲望に悩みつつ、それと闘いながら「自分」を考え、人格を形成していく。この時期を経て子どもは親離れし、自立への道を歩みだす。この時期は、親も子離れをしなければならないのに、そういう成長過程を無視して、子どもの聖域にまで土足で踏みこんでいく親が少なくない。いくら血を分けた親子の間柄であっても、子どもは独立した人格の持ち主であることを知るべきである。

子どもが自我に目覚める時期になったら、とりわけ母親は「子育てが生きがい」といった考え方から脱皮する必要がある。むしろ、自分が心から打ちこめる次の生きがい探しに努めることが大切である。そして、いつの日か子どもと同じ土俵に上がって、人間同士として共通の話題がもてるようになるのが望ましい。

家庭教育の神髄は、子どもに付与されたすばらしい力を信じて、口出しせずに、じっと寄り添って待つことであろう。ひとつの生き物として自分の足で立つという、そうした子どもの自立こそ本来、親の目ざしているものであるはずだ。「信じる」「耐える」「待つ」ことによって、子どもたちの能力を精一杯伸ばしてやることが必要である。

Ｔｒｙ！
母親の子離れをサポートしよう！

父親は子育てについての本来の意味の理解に加えて、子離れのつらさを味わう母親を包みこむことが求められる。その痛みを緩和させる大きな愛情と、コミュニケーションの深さがあれば、母親は子離れする勇気をもつことができるだろう。

父親業講座⑦
魅力ある人間の「11の袋」

魅力ある人物は、11の袋をもっている。11（十一）という数字は、「士（さむらい）」という字を分解した意味にもとれる。どんな分野にあっても使命感のある人は、以下に紹介する11の袋の「現在高」を意識して、足りない袋の中身を充実させようと燃えている。

1．胃袋　したたかに生き抜いていくためには、もっともストレスの受けやすい胃をじょうぶにすることだ。胃を大切にすることで、健康すべてに配慮できる。

2．お袋　母親は心の港でありオアシスである。母親をはじめ、家族を大切にすることは、心身の健康の源泉だ。

3．給料袋　最近は銀行振込になったのでこの袋を目にすることはないが、生活していくうえでの経済的基盤が安定していないと、小さな不安でもストレスにつながっていく。コスト意識をはぐくみ、使うべき金はしっかり使うことが大事だ。

4．堪忍袋《かんにん》　いつも目先の感情にとらわれていては、大したことはできない。出番のチャンスが到来するまで準備に努める「前向きのガマン」が肝心だ。

5．手袋　持ち味とか専門技術のことである。経済的基盤を安定させていくのに役立つ。さらに、どんな分野のことであっても決め手となるものを何かひとつもっていると、肝心なときに勝負をかけられる。

6．知恵袋　必要なときにいつでも相談にのってくれる人間財産のこと。よい知恵袋をはぐくむには、子育て同様にとてつもない時間、エネルギーを要する。

7．お守り袋　あの先輩のように生きてみたい、仕事をしてみたいと思えるような具体的な道しるべのこと。あるいは、かくありたいと望む人生目標をもつことである。

8．におい袋　知性・教養に加えて、謙虚さ・思いやりといった情感豊かな人間の香りをはぐくむことである。よいにおいを感じられない人は、出会いはあってもつきあいのリピートが少ない。

9．状袋《じょう》　コミュニケーションの核は「心のこもった言葉」である。今はパソコンメールが全盛だが、また昔ながらの手紙のよさが見直されている。状袋（封筒）は、相手の心をつかむ「情袋」にもなる。

10．福袋　みんなと福（幸福）を分かちあってこそ、人生は楽しい。情報・品物・人脈、すべてこのセンスで蓄え、また惜しみなく放出したい。そうすれば、心ある人はしっかりと受けとめて、自分のボールを投げ返してくれる。

11．大入り袋　あなたの心を入れておく袋＝心の広さである。相手の常識はこちらにとっては非常識、そんな事態がときどき発生する。世代や環境の違いによる価値観を受け入れるには、特別オーダーの袋が必要だ。

Q27　社会でのふるまい方をどう教えればいい？

スプレーで落書きされた公園のベンチ、壊されてしまったゴミ箱。汚され、壊されてしまっているモノや光景を見るのは悲しい。この国の社会教育はどうなっているのだろうと思わずにいられない。

欧米では学校教育と社会教育は同じくらいの比重があり、体育・音楽・美術はほとんど学校ではやらず、地域にスポーツセンターや音楽・美術教室があって、学校が終わると、子どもたちは自発的に地域のそうした施設や教室で汗を流したり、勉強したりしている。欧米のような社会教育は、日本の現状では夢に近い。それだけに、親は意識して子どもに社会でのふるまい方を教えていく必要がある。

それでは、社会でのふるまいにおいて、いちばん必要とされる力はなんだろうか。それは「バランス感覚」である。つまり、親は子どもが「ちょうどいい」加減に生きることができるような環境づくりに心を砕けばよいのだ。「加減」という言葉は、プラス（加）とマイナス（減）を合体させて、ちょうどよい程度にすることを意味する。

実際、人生はプラスだけで送れるはずもないし、ちょうどよいところあたりを生きていくのが、幸福の条件でもある。また、「ちょうどいい」加減に生きることは、子どもが自分の価値観で生きることにほかならない。親の価値観によって生きることでもなければ、まして他人の価値観を押しつけられて生きるのでもない。

「あなたはあなたでいいのだから、それなりの知恵をもって生きなさい」。そんなゆとりある気持ちをもって子どもを見守り、子ども自身にみずからの将来を考えさせていくことが肝要である。

大切なのは、その「ちょうどいい」加減をヒフ感覚で教えこむことだと思う。今日のように何事もシステム化され、機能主義、効率主義になると、加減についての感覚がどうしても鈍くなる。「文明化とは、人間をカンの悪い不器用な人間にすることだ」と言われるくらいだから、ヒフ感覚でうまく覚えこまないと加減はわからない。

Ｔｒｙ！
「ちょうどいい」加減に生きることを教えよう！

「ちょうどいい」加減というのは、言葉で伝えるのが難しい。間違いないのは、ストレスやイライラ感が少ないということだろう。そんな親の姿を通して、子どもは自然に「ちょうどいい」加減さを知っていく。

Q28 自分ひとりで解決できない子育ての問題にどう対処する？

「お父さん、この虫、なんていう名前かわかる？」

「わかんないな。辞典があるんだろ。自分で調べたら」

「出ていないから、聞いているんだ」

「じゃ、あきらめろ」

子どもは不満顔である。こうしたとき、昆虫に詳しい人が身近にいれば、「だったらあの人に聞いてみるか」という答え方ができる。そういう人を知らない場合は、博物館などに電話をしてどういう方法で調べればいいかを聞いてみるとよい。博物館でわからなくても、「ここへ連絡してみたら」

と教えてもらえるはずだ。自分はわからなくても、どうしたらよいか面倒がらずに対応する。そうすれば、冒頭の親子のように会話が途絶えるようなことにはならないだろう。

頼りがいのある人とは、必要なときに必要な人材を集めて協力させることができる人のことである。手持ちの豊富な「ヒューマン・ディクショナリー」（人間事典）のなかから、ＴＰＯに応じてしかるべき人物を引っ張ってくる。いわば「人間の字引き」の引き方がじょうずなのだ。

子育てにおいても同じである。子どもの成長過程で、必要なときに必要な人から必要な協力を得ることが、子どもの将来に役だつ。もっとも、あなたのほうで最適の大物の顔と名前を知っていても、相手があなたを信用していなければ協力してくれることはない。やはり、何かの「縁」でつながっていて、あなたの人となりがよく理解されないかぎり、人はあなたの子どものために動いてはくれない。「縁」といううきずなは、何かが起これば互いを了解しあえるという大きな力をもっている。「縁」をつなぐことは、「人間紹介状」を受け渡していくようなものである。

生きたヒューマン・ディクショナリーを活用するまえに、インターネットで情報や人材にたどりつく方法もある。これは大いに利用されてよいが、ネット経由で知りあったかけがえのない人物は、自身のヒューマン・ディクショナリーに登録しておこう。また何かのときに助けてくれるはずだ。

Ｔｒｙ！
頼りがいのある人脈を築こう！

人脈を築いていく第一歩は、なんらかのかたちで縁のある身近な人間の人脈を、さらに広げていくこと。これまでなんとなくつきあってきた学縁、社縁、地縁、血縁、楽縁（趣味仲間）の「縁」につながる人たちを、思い浮かべてみよう。

Ｑ29　学校教育の限界をどうやって家庭で埋めるか？

イチロー選手の才能が開花した背景には、父親の鈴木宣之さんの実践的教育があったことはよく知られるところである。鈴木さんは家庭教育について、次のように言っている。

「何から何まで自分でやろうというおこがましいことは考えていません。ただ、すべてを学校の先生にお任せするのでなく、先生のできないことは家でやるんだというつもりでした」

さらに鈴木さんは、「親は子どもに対して１００パーセント責任があるんだという気持ちで接すれば、子どもをストレスで締めつけるようなことはない」と言う。イチロー選手との練習は、強制して抑えつけるようなものではなく、やる気をなくさないように神経をつかい、どうやったら次のステップに進めるかに心配りしていたそうだ。

また、イチロー選手の高校時代に毎日練習を見にいったことにもふれて、「言葉よりも行動で示したかった。練習を見ていて喉が渇いていても、『イチローも飲みたいだろう』と休憩になるまで我慢しましたし、冬はたき火にもあたらなかった。同じ寒さを感じていれば、何も言わなくても通じあえると思ったからです。それでこそ子どもとの信頼関係ができる。コタツでビールを飲みながら、帰ってきた子どもに『おい、野球の練習はしているのか。勉強はやっているのか』と言うだけでは何も通じません」と話している。

鈴木さんが実証したように、親の後ろ姿が子どもを感化していくのだろう。そんな自覚があれば、親自身が自分の心を磨くことが先決であることに気づいていく。鈴木さんの「先生のできないことをやる」という決意の裏には、学校教育には限界があるのだから、そのスキマを自分がいろいろ創意工夫して埋めていこうという、父親の心意気を感じさせる。

最近は、学校でも心の教育に取り組み始めているようである。しかし、学校に期待して、学校の先生任せにするのではなく、親、とりわけ父親がわが子の「心の問題」を積極的に手当てしていってほしい。

ある大学受験のための予備校で「感性教養講座」を始めたところ、受験生の学力が伸びたそうだ。若者の感性を揺さぶり、好奇心をかきたて、心に灯をともすことによって、若い思いを発散し、エネルギーを燃焼するチャンスを与えたというのだ。

講師陣には、探検家、民俗学者、法律家、経済人、医師、デザイナーなどを広範囲に起用して、それぞれの専門分野について話をしてもらう。そして生徒の心を揺さぶり、その目を大きく見開かせたことが、勉強にも積極的に取り組む姿勢につながったようだ。

父親もこれと同じように、子どもの感性を揺さぶる仕掛けを自分流に展開していけばよい。そして、子どもが自立して生きていけるようなさまざまな選択肢を用意し、子どもみずからが考えて行動するように仕向けていくことだ。ここでの父親の役割は重大である。将来へ向けての子どもの自立を思いやり、真剣に創意工夫して布石する心意気が大切だ。

Ｔｒｙ！

父子の感性講座を開こう！

子どもが自立して生きていくための選択肢を用意し、子どもがみずから考えて行動するように仕向けていく。たとえば人生のサバイバルゲームに耐える技能を身につけさせておくために、夏休みには子どもを農山漁村に連れていき、みんなでそこの作業を体験するのもよいだろう。

父親業講座⑧
成長年齢に応じた自立戦略

子どもの自立心をはぐくむために、私の場合、どのような考え方で子育てに関わったのか、成長年齢に対応させて、識者の見解を織りまぜて述べてみることにしよう。自立への道づくりは、親が年齢に応じて必要な環境づくりさえやっておけば、子どもが自発的に道を歩んでいくものだ。

1．幼児期（０～６歳）

母子の信頼関係を確立

この時期の私には、あまり出番がない。母親と子どもとのスキンシップを図りやすいように心がけて、見守っているだけだった。よく遊び、健康で明るい子どもに育ってくれれば、それでいいと思っていた。砂場でのどろんこ遊びや、手でいじりまわすおもちゃでの遊びが、「まねる・学ぶ・考える・信じる」など、人間にしかない独特のプログラムに、スイッチを入れることになる。何より、母親がたえず赤ちゃんに話しかけたり、笑いかけたりすることが、最高の刺激となるだろう。

2．小学生（７～12歳）

団体生活を経験させ、情操を豊かにする

私は子どもが小学生になって初めて子育てに本腰を入れ、過保護にならないための工夫を考えた。まず、人にもまれるのが自立心を養うのにいちばんだと思って、子どもが小学２年のときに「ボーイ（カブ）スカウト」に入団させた。

また、本を読む習慣をもたせるために、楽しく読めるなぞなぞやパズルの本を与えた。活字にな

じんだころ、『鉄腕アトム』のような長編マンガをすすめた。

体験学習としては、自然のなかに連れだしたり、動物園に行って、さまざまなことを自分の目で確かめさせた。小学２年より毎年元旦の朝には、私の「江戸を旅する連中」について街中を数時間歩き回る「七福神めぐり」のあとで、初笑い寄席で落語や漫才を楽しませた。意味はよく理解できないまでも、大人の会話のリズムにふれたり、大人と簡単な会話を交わすことが、情操を豊かにするのに役立ったと思う。

３．中学・高校生（13〜18歳）
年齢に応じた環境づくり

勉強については75ページに書いたように、中・高一貫教育校の中学に入学したとき、「落第だけはしてくれるな」「高校３年の３月３日（国立大受験日）に実力をピークにもっていけ」と申し渡しただけで、あとは本人の自主性を尊重していっさいの干渉をしなかった。

そのかわりに子どもの好きなカメラを持たせて、撮影旅行をするようにすすめた。鉄道ファンだったから、友達と２人で、あるいはひとり旅で紀伊半島や九州の一周旅行を10日間前後かけてやっていた。カメラを扱うことで集中力を、旅することで道への好奇心、冒険心が培われたのではないかと思う。

Q30　隣近所とのつきあい方はどうする？

阪神・淡路大震災が発生したとき、近所づきあいをしている被災者はすぐさま安否を確認され、おかげで瓦礫の下から救われたとか、地元の商店のなじみ客だったために入手しにくい必需品を調達できて心強い思いをしたという話があった。

日常生活において隣人の占める場所は、意外に大きい。近所づきあいがうまくいかずに引っ越ししたというケースもある。逆によい隣人に恵まれれば、生活は楽しいものになる。その意味でもじょうずな近所づきあいは大事である。「遠い親類より近くの隣人」という言葉もある。

近所づきあいは、地方によっては独自のものになる。郷に入っては郷に従えで、よほど時代錯誤の習慣でないかぎり、尊重しなければならない。その地方にはその地方のつきあい方があるのだ。

ただ都会では、自分が疲れず、相手も疲れないという、ほどよいつきあいの技術をわきまえておけばよいだろう。あいさつから始め、ときと場合によっては、おすそ分けなどの習慣を活用する手もある。あまり大げさに考えず、できることだけをする気持ちでいるのがよい。

当たり前のことだが、隣人としての資格を欠くような行動は慎まなければならない。第１は、近所迷惑を考えずに絶えず騒音をたてることだ。テレビ、ラジオ、楽器、ペットなど大きい音や鳴き声が隣人の生活をかき乱し、トラブルの原因になっているのは周知のとおりだ。

次は、他人の生活に立ち入っていくこと。用もないのに隣家の玄関先で話しこんで、隣近所のうわさをあれこれ並べたり、家庭の事情を尋ねたりするのはよくない。

隣人とのコミュニケーションは、災害や犯罪など、いざというときの強い味方となってくれる。また「地域で子どもを育てる」という意味でも大事になってくる。自分の子どもがよくないことをしていたら、叱ってもらうような人間関係をつくっておきたいものだ。

Ｔｒｙ！
まずは気持ちのよいあいさつを！

近所づきあいは、避けて通れない、重要なことである。まずはあいさつから、近所づきあいを深めていこう。子どもも同様だ。近所の顔なじみの人にきちんとあいさつができるように育てること。それがひいては自分の身を守ることにもなる。

Q31　子どものためになるお金の使い方とは？

臨床心理士のところに、問題を抱えた子どもを相談に連れてくる親の多くは、「子どもを育てるために一生懸命努力した」「できるかぎりのことはしてきたのに」と弁解するそうだ。

ところが子どものほうは、何もしてもらわなかったと思っている。親は子どもを「よい子」にするために必要なものを買ってやったり、塾に行かせるなど、お金を費やしているのだが、子どものほうは「親は自分がそうしたいから、そうするのだろう」「親が自分のために勝手にやっているのだから当然だ」と思っている。

家計をやりくりして、わが子に投資してきた親。その親の心を理解しない子どもの冷たい反応。

いったいどこでズレてしまったのだろうか。

おそらく、子どもの欲するものを買い与えて多くのお金は使ったかもしれないが、「子どものために本当に意味のあることは何か」を考えていなかったのではないだろうか。レジャーランドなどでの散財に象徴されるように、子どもが楽しく遊んでくれればそれでいいといった程度の、他人ごと感覚ではなかっただろうか。

今日ほど豊かでなく、モノが乏しい時代の子育ての場合は、家庭教育にあまり工夫はいらなかった。なんとかしてもう少し経済的に豊かになりたいと思っているときは、家族の連帯感も強く、身を寄せ合って生きる工夫をし、モノのありがたさを感じていたのでおのずと家庭教育はできていた。たとえば、正月のお雑煮、ひな祭りの甘酒、端午の節句の柏餅など、季節の行事を祝うことで、共通のものの考え方ができていた。

それが今では、家族のライフスタイルがバラバラになってきたために、従来のパターンで家庭をまとめようとしても、うまくいかなくなってきている。また、多忙を理由に父親の役割を逃避する父親がいるが、忙しいからこそ、自分にできることとできないことをはっきり区別して、生きたカネを使うことに知恵をしぼる必要がある。

私のささやかな実践例をあげれば、小学校低学年の息子が「城」をテーマにしたプラモデル作りに夢中なころ、1泊2日の「城めぐり」を企画して、姫路城、大坂城、名古屋城など7つの城を見学して喜ばせたり、毎年元旦の初笑い寄席を予約して楽しませた。

「ムダを省いてぜいたくを」という名経営者の言葉があるが、この言葉はここぞというときにはメリハリつけて散財して、子どもにたっぷりと心のぜいたくを味わわせていくことを意味している。

要は、「大きなコスト意識」が必要なのだ。何事もあまりに計算ずくで行動する父親からは、子どもの将来を思いやる心のテレパシーが発信されていない。親子関係においては単なる合理性をこえた、もっと大きなコスト意識が要求される。父親は子どもがとても計算できないくらいの、でっかいコスト意識をもって対応すべきである。

Ｔｒｙ！

大きなコスト意識で、心のぜいたくを！

船旅、山登り、高原キャンプなど、さまざまな仕掛けで子どもに心のぜいたくを味わわせたい。使うべき金はしっかり使うが、ムダ金は使わないという大きなコスト意識が大切だ。

Ｑ32　自立を促す仕掛けを子育てにいかに企画するか？

人生の成功者と見られる人たちは、ほとんど例外なくすばらしい企画マインドと実行力の持ち主である。しかも、一度しかない人生をいきいきと楽しく送っていこうとする意欲が強烈である。子育ても例外ではない。

父親に企画マインドがなく、「仕掛け感性」が乏しかったら、おそらく家族に明るさがない、まとまりがない、会話がないといった、ないないづくしになってしまうのではないか。仕事の面でも評価が低くて、仕事・家庭双方によい影響を与えないだろう。

企画力は特殊能力ではない。「人間の総合力」と言えるもので、だれもが持ちあわせている能力である。仕事上、私がビジネスマンと接していていつも感じるのは、仕事でも遊びでも、たいていがお仕着せのプランにのるだけで、みずから企画を立てる積極性に欠けた人たちがきわめて多いということだ。

あなたは家庭において、父親として家族や友人との食事プラン、旅をする計画など、お仕着せではないかたちで、日ごろから楽しいものにしていくように仕掛けているだろうか。この程度の日常的でささやかなことすら満足にやれないで、家族をいくらまとめあげようとしても、成功はおぼつかない。

たとえば、日光への日帰り旅行で家族とのコミュニケーションを図るとしたら、どんな工夫があるかを考えてみよう。交通機関はクルマか電車か、おのおの好みにまかせるが、プランの立て方は仕事のときの考え方と同じだ。前夜におむすびなど朝食を用意しておいて、早朝の始発電車に乗りこむ。現地で朝食休憩のあと、すぐに行動を開始して、昼前にはひととおりの観光を終えてしまう。

昼食もそこそこに帰途につけば、交通機関は往復とも空いている。遅くとも4時ごろにはわが家でくつろぐことができて、疲れを翌日に持ち越さないですむ。これだけでも家族のためのイベントに企画協力したことになるし、ふだんとは異なる行動をとったことで、家族全体が新鮮な気分を味わえるものである。

私は一度しかない人生を楽しむために、いつもみずから仕掛けて成功するように心がけている。他人の仕掛けにのせられたまま生涯を終わるのでは、せっかくの人生がもったいないからだ。妻や子どもにもそのように生きてほしいと願って、いろいろな工夫をしてきた。ことにひとり息子に対しては、自発性と自立心をどうはぐくむかに心を砕いた。

具体的な仕掛けとしては、小学２年生のとき、ボーイ（カブ）スカウトに入団させて、団体生活の基本ルールを身につけさせた。またクイズ、パズル関係の図書に親しませることで知識欲を刺激させた。そして毎年元旦には、都内の七福神を巡り歩く十数人の父親たちの仲間「江戸連」（江戸を旅する連中）にも加えた。そのあとで初笑い寄席を父親たちとのぞくのが、小学２年生から大学生になるまでの息子の恒例行事であった。

この一連の仕掛けは、大人の会話に耳馴れると同時に、見知らぬものや土地への好奇心を培うのに、大いに役立ったのではないかと思う。

Ｔｒｙ！
人を喜ばせる楽しみを知ろう！

企画の基本は人を喜ばせようとする親切心であり、おせっかいと思われるほどの心配りだ。どうしたら家族や友人を喜ばせることができるか、日頃から一生懸命に考え工夫してみることが、仕掛け心を磨く何よりの感性トレーニングになる。

おわりに

昔も今も、家庭のリーダーである父親の責任は大きい。子どものしつけ方がわからず、子育てに自信を失っている人も多いようだが、父親は決して子育てに自信をなくしてはいけない。また、子育てを母親任せにしてもいけない。私は、まずお父さんたちに自分なりの子育てに対する「ポリシー」をもってほしいと思う。

多くの親は、自分の理想の型に、知らず知らずのうちに子どもをはめこもうとしているようだ。だから、歪みやズレが生じてしまう。結果、「子どもがわからない」「思うように育たない」ということになる。本来は楽しく、すばらしいものである子育てが、そのような人たちにとっては、ゆううつで苦痛の伴うものになってしまっている。

子をもつ親、とくに父親の役割は、子どもが立派な人間になるための「基本フォーム」をつくることであり、「自立した大人になる」ための、いわば「助っ人」である。親が「よかれ」と思って施すことと、子どもの食指が動く方向は、必ずしも同一ではない。だから、親は決して自分の理想を押しつけてはならない。

＊

もちろん、親が「自分の子どもにこうあってほしい」と願う気持ちはあって当然だし、それが子育てのビジョンにつながっていく。

しかし、どう生きるか、何にやりがいを見いだすかを決めるのは、あくまでも子ども自身である。彼らの判断にゆだねるニュートラルな部分を最大限に残し、かつ豊富な選択肢を用意してやることが親の仕事なのだ。それは子どもの人生にさまざまな「仕掛け」を用意していく演出家にもたとえられるだろう。

また、ついついいらぬ手を出したり、干渉したくなるのも親心だが、子どもは親の言うようにはなかなか育たない。親の姿（オヤジの背中）を見て、育つ。

子どもに「あいさつができる人間になってほしい」と願うのであれば、親から率先して「おはよ

「行ってきます！」と声をかける必要がある。また、「思いやりのある大人に」と思うなら、自分から率先して高齢者に電車のシートをゆずる親でなければいけない。

＊

だんだん世の中が物騒になってきて、今の母親たちは自分の子どもに過敏傾向にあるようだ。子どもを危険から守ろうとするあまり、監視の目を厳しくしすぎ、子どもの主体性を失わせ、物事に対する興味・関心を乏しくさせている。

また、危険への母親の不安が強すぎると、子どもに母親の不安がうつり、子どもを不安定にしてしまう。こんな時代だからこそ、父親はどっしりと構え、大黒柱として存在感を示す必要がある。

パソコンや携帯電話など、先端テクノロジーが周りにあふれている現代においては、「人」にヒューマン・インパクトが求められてきている。

子育てにおいてはもちろん、ビジネスの現場においても、「人間らしさ」をどれだけ感じさせられる人物であるかが大きなポイントとなっている。「人間らしさ」とは、やさしさ、気づかい、心の広さ、そしてその人なりの男らしさ・女らしさだ。

本書を読んでその内容を理解していただけたら、それを単なる知識にとどめず、ぜひ実践に移していただきたい。本書を実践して、自分なりの人間らしさを身につけていってほしい。そして魅力あふれる父親として、これからの時代を乗り切っていくための「生きた知恵」を、子どもたちに伝えていっていただきたいと思う。

子育てとは、たゆまない努力が求められる人間業である。父親と母親は手をたずさえて、それをやり遂げなければならない。「米百俵」の故事にもあるように、教育や子育ては幸せな明るい未来をつくるための事業であり、人間にとってこれほどやりがいのある仕事はない。

がんばれ、世のお父さん。あなたが子どもの前でみせる日々の言動が、新しい世界を紡ぎだすのだから。

青木匡光《あおきまさみつ》

【著者紹介】

青木匡光（あおき・まさみつ）

ビジネス評論家。ヒューマンメディエーター（人間接着業）。小樽商科大学卒。三菱商事に10年間勤務したあと、広告会社に転職。1975年アソシエイツ・エイランを設立、異業種交流の場を提供。またサロン風のオフィスを「ヒューマンハーバー（人間の港）」として開放し、人間関係に悩む人たちに指針を与え、人生に意欲的な人同士を結びつけている。現在、異業種交流や人脈づくりのパイオニアとして講演、著作などで活躍中。
著書に『顔を広め味方をつくる法』（日本実業出版社）、『人づきあいが苦にならない法』（ＰＨＰ研究所）、『ＥＱ型人間が成功する』（産能大学出版部）、近著に『人づきあいの旅にでよう』（JDC）、『内気が苦にならなくなる本』（法研）、『人間接着力』（小社）などがある。

男を磨けば子供も家族も幸せになる！

最高の父親になるための子育ての教科書

2024年6月30日発行　著　者　青木匡光
発行者　向田翔一

発行所　株式会社22世紀アート
〒103-0007
東京都中央区日本橋浜町3-23-1-5F
電話　03-5941-9774
Email: info@22art.net　ホームページ：www.22art.net

発売元　株式会社日興企画
〒104-0032
東京都中央区八丁堀4-11-10 第2SSビル 6F
電話　03-6262-8127
Email: support@nikko-kikaku.com
ホームページ：https://nikko-kikaku.com/

印刷製本　株式会社PUBFUN

ISBN：978-4-88877-297-6